Das große Buch der Standardtänze
Von Foxtrott bis Wiener Walzer

Das große Buch der Standardtänze
Von Foxtrott bis Wiener Walzer

Von Helen Ann Augst

Freizeit & Hobby

humboldt-Paperback 965

Die Autorin:
Helen Ann Augst ist freie Journalistin, Buchautorin und begeisterte Hobbytänzerin. Sie verfaßte diesen Band in enger Zusammenarbeit mit der Tanzschule Richter, München.

Hinweis für den Leser:
Alle Angaben wurden von Autorin und Verlag sorgfältig geprüft; dennoch kann keine Gewähr übernommen werden.

Umwelthinweis: gedruckt auf chlorfrei gebleichtem Papier

Umschlaggestaltung: Wolf Brannasky, München
Umschlagfotos: Fotostudio Peter Bornemann, München
Fotos im Innenteil: Fotostudio Peter Bornemann, München, Herbert Müller, Nürnberg
Die Fotos im Innenteil zeigen Christian Stangl und Andrea Dussing sowie Oliver Rausch-mayer und Andrea Kiefer, Andreas Schultz und Kerstin Zölfel, Toni und Yvonne Huber, Klaus und Claudia Grellmann.
Zeichnungen im Innenteil: Ilmar Neumeister, Hartmut Pflüger
Fachliche Beratung: Rudolf Richter

© 1995 by Humboldt-Taschenbuchverlag Jacobi KG, München
Druck: Wartelsteiner, Garching
Printed in Germany
ISBN 3-581-66965-X

1 2 3 * 97 96 95

Inhalt

Vorwort

Tanzen ist die schönste Nebensache der Welt. Wer sie für sich entdeckt, kommt meist nicht mehr von ihr los. Manche werden schon in frühester Jugend vom Tanzfieber erfaßt, bei anderen bleibt lange der Wunsch Vater des Gedankens. Doch eines Tages ist die Zeit reif für ein Debüt auf dem Parkett. Ob früher oder später, beim Tanzenlernen spielt zum Glück das Alter keine Rolle. Man benötigt lediglich ein »Ohr« für die Musik, etwas Gefühl für Rhythmus, zwei tanzfreudige Beine und eine gleichgesinnte Partnerin bzw. einen Partner – schon kann's losgehen.

Für den Griff zu diesem Buch gibt es viele gute Gründe. Vielleicht haben Sie vor langer Zeit einen Tanzkurs absolviert und wollen jetzt endlich Vergessenes auffrischen. Oder Sie sind Ihr Nichttänzer-Dasein ganz einfach leid, denn schließlich gehört Tanzen schon fast zur Allgemeinbildung. Der Entschluß, sich zunächst den Standardtänzen zu widmen, ist ausgesprochen klug. Denn wenn Sie die Klassiker unter den Gesellschaftstänzen einigermaßen beherrschen, kommen Sie bei jeder Tanzveranstaltung blendend über die Runden.

Zu den Standardtänzen zählen laut Welttanzprogramm Foxtrott (Quickstep), Langsamer Walzer, Wiener Walzer und Tango. Am häufigsten getanzt wird sicher der Foxtrott. Sein »Ableger«, der noch schwungvollere Disco-Fox, paßt ideal zu moderner Musik und erfreut sich vor allem (aber durchaus nicht nur!) bei der jüngeren Generation größter Beliebtheit. Auch der langsame Foxtrott, der Slowfox, ist ein Standardtanz, doch soll er hier nicht vorgestellt werden. Er bleibt in erster Linie Turniertänzern vorbehalten, denn eine ausdrucksvolle Präsentation erfordert viel Platz. Bei Parties und auf Bällen sind die Verhältnisse generell zu beengt für einen Slowfox, und deshalb überlassen wir ihn den Profi-Tänzern bzw. Amateuren mit hochgesteckten Zielen. Verzichtet wird außerdem auf den langweilig-einfachen Blues.

Auf den folgenden Seiten lernen Sie die Grundschritte der gängigen Standardtänze und jeweils einige der beliebtesten Figuren kennen. Für einen Anfänger ist dieses Pensum umfangreich genug, und er kann damit selbst beim Opernball brillieren. Und sollten Sie auf den ersten Blick daran zweifeln, daß Sie all die Schritte jemals im Kopf behalten werden – sie gehen tatsächlich irgendwann quasi in Fleisch und Blut über. Freilich – Wunder über Nacht dürfen Sie nicht erwarten, und Sie brauchen etwas Geduld mit sich selbst und Ihrer Partnerin bzw. Ihrem Partner. Am besten, Sie nehmen das Tanzen nicht so tierisch ernst. Bleiben Sie locker, lachen Sie über Fehler, und versuchen Sie's nochmal. Sie brauchen nicht perfekt zu sein, denn Sie tanzen ausschließlich zum eigenen Vergnügen.

In diesem Sinne – darf ich bitten? Helen Ann Augst

Tricks und Tips

Die hohe Kunst des Tanzens lernt man nicht von heute auf morgen, doch mit etwas Ausdauer und einiger Übung können Sie recht schnell ganz passable Erfolge verbuchen. Wollen Sie schon in einer Woche den ersten Ball besuchen? Dann nehmen Sie sich nicht zuviel vor. Studieren Sie lediglich den Foxtrott-Grundschritt und die Rechtsdrehung vom Wiener Walzer ein, und schon machen Sie eine gute Figur auf dem Parkett.

Das Buch ist als Tanzlehrer absolut diskret und unübertroffen geduldig. Allerdings sollten Sie seine Anweisungen strikt befolgen, denn je systematischer Sie vorgehen, desto schneller haben Sie die verschiedenen Tänze »in den Beinen«:

- Musik ab und los geht's – so einfach ist Tanzenlernen dann doch nicht. Bevor Sie zur Praxis schreiten, sollten Sie sich gründlich mit der Theorie befassen. Lesen Sie die jeweilige Tanzbeschreibung in Ruhe durch, und vollziehen Sie die Schrittfolgen in Gedanken immer wieder nach.
- Erscheinen Ihnen die Schrittzeichnungen verwirrend? Dann nehmen Sie Zeige- und Mittelfinger als Ersatzbeine, und folgen Sie den »Fußtapsern« zunächst auf dem Papier. Das bringt Klarheit, und die Schritte prägen sich ein.
- Jetzt dürfen Sie schon etwas aktiver werden, aber vorerst noch ohne Musik und ohne Partner/in. Machen Sie sich klar, wie die Tanzrichtung im Raum verläuft (siehe Seite 20). Stellen Sie sich dann mit dem Buch in der Hand nach Anweisung im Zimmer auf – also zum Beispiel »Front zur Wand«. Nun tun Sie genau, was die Anleitung verlangt. Schritt für Schritt »tanzen« Sie langsam ihre erste Figur und wiederholen so lange, bis Sie diese auch ohne Buchvorlage einwandfrei schaffen. Dabei werden Sie nach und nach schneller.
- Fällt es Ihnen noch immer schwer, die theoretische Zeichnung in die Realität umzusetzen, dann gibt es eine weitere Hilfe: Schneiden Sie Papierstücke etwa in Fußgröße aus, und kennzeichnen Sie diese Blätter mit L und R. Plazieren Sie die Stücke entsprechend der Zeichnung auf dem Boden (eventuell mit Klebstreifen befestigen), und bringen Sie gut sichtbar die Numerierung an. Beim Üben setzen Sie dann jeden Schritt richtig aufs Papier.
- Wenn Sie die Schrittfolgen wirklich »intus« haben, legen Sie die passende Musik auf. Hören Sie sich das Stück zunächst mehrmals an, und tanzen Sie in Gedanken dazu. Auf diese Weise bekommen Sie ein Gefühl für Rhythmus und Takt. Ist Ihnen die Musik schließlich einigermaßen vertraut, tanzen Sie wie gelernt – aber noch immer allein.
- Sicher ist Ihre Partnerin/Ihr Partner inzwischen mit ihren/seinen Tanz-Vorbereitungen genauso weit gediehen. Also wagen Sie das erste Tänzchen gemeinsam. Versuchen Sie es ohne Musik ganz langsam und dann immer flotter. Sobald Sie sich synchron bewegen und zusammen sicher fühlen, kommt die Musik dazu. Und jetzt heißt's nur noch üben.

■ Vorsicht, nehmen Sie sich nicht zuviel vor! Der Versuch, das Buch gleich von A bis Z »durchzutanzen«, ist langfristig betrachtet zum Scheitern verurteilt. Studieren Sie lieber jede einzelne Tanzfigur gründlich ein. Erst wenn Sie diese quasi im Schlaf beherrschen, sollten Sie die nächste in Angriff nehmen. Nur so bleibt das Erlernte auf Dauer haften und jederzeit abrufbereit.

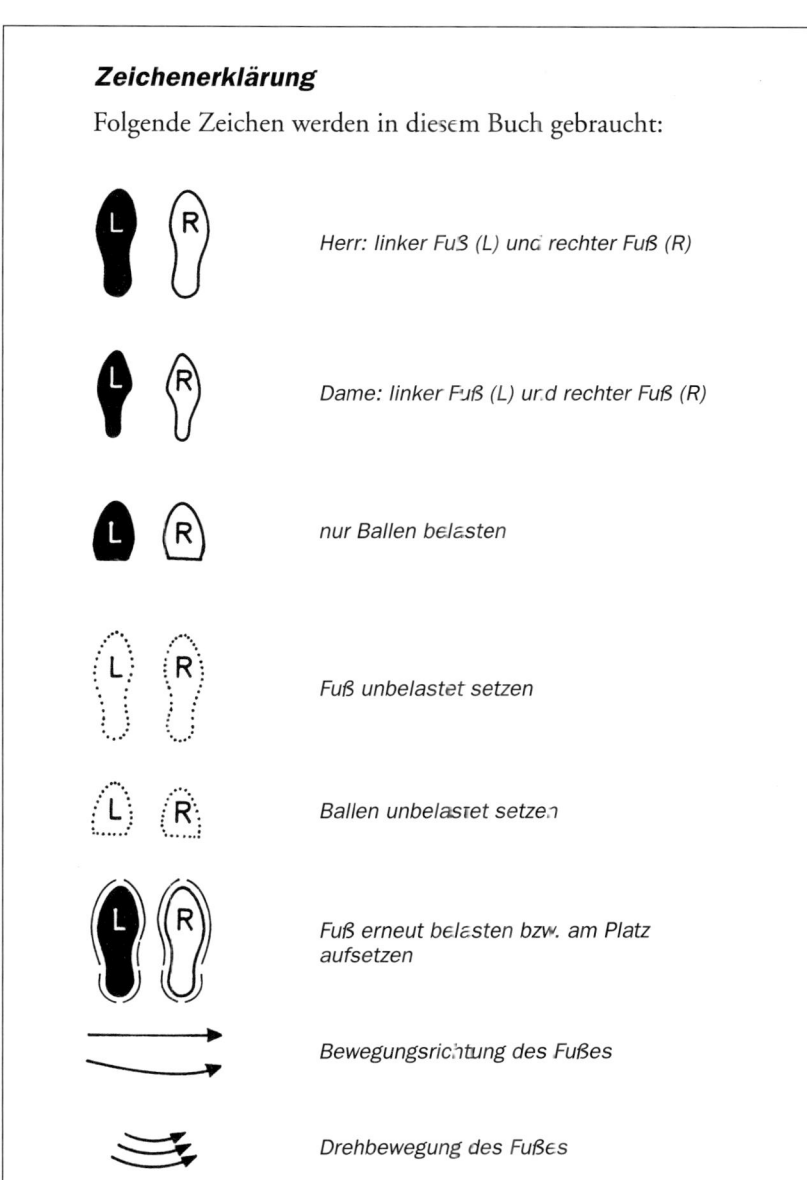

Zeichenerklärung

Folgende Zeichen werden in diesem Buch gebraucht:

Herr: linker Fuß (L) und rechter Fuß (R)

Dame: linker Fuß (L) und rechter Fuß (R)

nur Ballen belasten

Fuß unbelastet setzen

Ballen unbelastet setzen

Fuß erneut belasten bzw. am Platz aufsetzen

Bewegungsrichtung des Fußes

Drehbewegung des Fußes

Er führt, sie folgt

Auf dem Tanzparkett ist es wie im sonstigen Leben: Einer gibt vor, wo's langgeht, der andere hält sich (hoffentlich) daran. Daß es sich bei »dem anderen« stets um den weiblichen Teil des Tanzpaares handelt, sollte hier kein Anlaß für Diskussionen sein. Denn Emanzipation hin oder her, beim Tanzen hat nach wie vor der Mann »die Hosen an« – und das aus praktischen Erwägungen: Dem normalerweise größeren Herrn fällt es leicht, die kleinere Dame im Arm zu halten und gefühlvoll über die Runden zu dirigieren. Seine vorschriftsmäßige Tanzhaltung versetzt ihn in die Lage, das Führen zu übernehmen. Die Haltung der Dame dagegen ist auf defensives Agieren abgestimmt.

Das Führen liegt freilich nicht jedem im Blut, und so manchem Mann fehlt das nötige Durchsetzungsvermögen. Andererseits haben selbstbewußte Frauen beim Tanzen gern ihren eigenen Kopf. Ein Paar ohne richtige Rollenverteilung tut sich jedoch schwer und wird nie ein harmonisches Bild abgeben. Deshalb ein Appell an alle Herren: Übernehmen Sie konsequent die Führung! Die Damen ihrerseits sollten der gemeinsamen Sache zuliebe den diskreten Hilfen ihres Partners folgen – selbst dann, wenn er ihrer Meinung nach etwas falsch macht.

Wenn zwei Frauen oder zwei Männer miteinander tanzen, ist zuvor eine kurze Absprache über das Führen zu treffen (und dann auch einzuhalten). Sinnvollerweise nimmt die bzw. der Größere die Tanzhaltung des Herrn ein und führt. Damit steht dem vollendeten Tanzvergnügen nichts mehr im Weg.

Der Einfachheit halber gehen wir davon aus, daß eine Dame und ein Herr gemeinsam das Tanzbein schwingen. Bleibt die Frage: Auf welche Weise teilt er seiner Partnerin mit, was, wie und wohin er tanzen möchte? Theoretisch ließe sich manches (aber durchaus nicht alles) in Worte kleiden, doch beim Tanzen plaudert man über Gott und die Welt – nur nicht über das, was man gerade tut. Völlig falsch wäre es auch, die Dame energisch übers Parkett zu schieben oder zu zerren. Vielmehr sollte die Verständigung in erster Linie über die beiden Körper ablaufen.

Die Haltung bei den Standardtänzen sieht Körperkontakt vor – was jedoch den Herrn keineswegs dazu legitimiert, seine Partnerin wie einen Schraubstock an sich zu pressen. Eine leichte Berührung der beiden Körper genügt völlig, um die nötigen Tanz-Informationen zu übertragen. Auch der rechte Arm bzw. die rechte Hand des Herrn werden zum Führen eingesetzt.

Beispiele: Durch die eigene Körperdrehung und einen leichten Druck der rechten Hand leitet der Herr seine Dame in eine Drehung. Ein geringes Nach-innen-Biegen des rechten Unterarmes zeigt an, wie weit die Drehung gehen soll. Die rechte Hand führt u. a. in die Promenadenposition und wieder heraus. Völlig unbeteiligt bleibt dagegen (auch wenn's dem Anfänger manchmal schwerfällt!) der linke Arm des Herrn.

Ein geradezu klassisches Mißverständnis beim Tanzen bringt viele Paare aus dem Konzept, bevor sie noch richtig begonnen haben: Er macht den ersten Schritt rechts vorwärts – und tritt der Partnerin kräftig auf die Zehen, weil sie rechts anstatt links zurückging. Das Startproblem läßt sich auf zweierlei Weise lösen: Der Herr sagt seiner Dame, wie er beginnen möchte (»Ich gehe rechts vor, du links zurück«), oder er beherrscht die elegantere Tour und drückt sich wortlos eindeutig aus:

■ Will der Herr mit dem rechten Fuß beginnen, entlastet er deutlich das rechte Bein und verlagert dadurch zwangsläufig das Gewicht nach links. Die Dame spürt diese leichte Bewegung, verlagert ihrerseits das Gewicht nach rechts und startet somit automatisch links. Beginnt der Herr mit dem linken Fuß, entlastet er das linke Bein usw.

■ Wie aber erfährt die Dame, ob der Herr den ersten Schritt vorwärts oder rückwärts machen wird? Ganz einfach: Mit einem leichten Druck der rechten Hand auf den Rücken der Dame veranlaßt der Herr seine Partnerin zu einem Vorwärtsschritt. Geht seine gesamte Bewegung der Dame entgegen, »weicht« sie automatisch zurück.

Je reibungsloser die Verständigung zwischen den Partnern klappt, desto besser tanzen sie. Ein eingespieltes Paar tut sich relativ leicht, während einander fremde Tanzpartner sehr viel Einfühlungsvermögen brauchen. Um so wichtiger ist es, daß er das Führen beherrscht und sie sensibel seine Signale beachtet und befolgt.

Tuchfühlung – ja bitte!

Klassisch schön sieht es aus, wenn ein Paar beispielsweise zu Walzerklängen scheinbar schwerelos übers Parkett schwebt. Voraussetzung für diese ansprechende Optik ist freilich eine korrekte Tanzhaltung. Sie erleichtert das Führen und Folgen und macht harmonisch aufeinander abgestimmte Bewegungen überhaupt erst möglich. Foxtrott, Langsamer Walzer und Wiener Walzer werden in der gleichen Haltung getanzt. Sie hat sich inzwischen auch beim Tango durchgesetzt, obwohl für ihn – genaugenommen – etwas abweichende Vorschriften gelten (siehe Seite 77).

Um es gleich vorweg zu sagen: Die Tanzhaltung dient nicht dazu, daß jeder Partner sein Gegenüber als Stütze benutzt. Vielmehr müssen es beide allein schaffen, die Balance zu halten. Anfänger haben manchmal ihre liebe Not damit, in jeder Situation stabil auf eigenen Beinen zu stehen. Doch mit genügend Übung wird man im Laufe der Zeit »selbst-ständig«.

Bei den Standardtänzen halten die Partner im wahrsten Sinne des Wortes Tuchfühlung, ohne sich dabei die nötige Bewegungsfreiheit zu nehmen. Im Detail sieht die Grundhaltung so aus:

■ Der Herr streckt seinen Oberkörper etwas aus der Taille heraus, während sich die Dame von der Mitte aufwärts leicht zurücklehnt. Die Schultern dürfen dabei nicht hochgezogen werden. Beide Partner drehen den Kopf ein wenig nach links, die Dame blickt über die rechte Schulter des Herrn.

Grundstellung für Standardtänze: Das Paar geht auf Tuchfühlung und hält die gefaßten Hände etwa in Augenhöhe des kleineren Partners

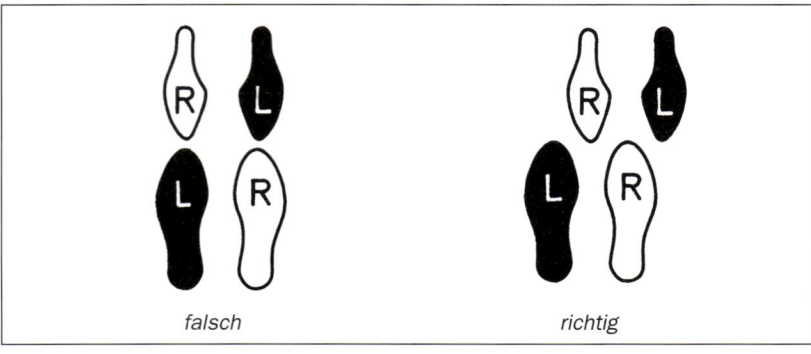

falsch   richtig

Grundstellung der Füße bei den Standardtänzen

■ Dame und Herr stehen sich mit geschlossenen Füßen gegenüber. Die räumliche Enge macht es erforderlich, daß die Partner etwas versetzt zueinander stehen. Richtig ist die Position, wenn jeweils die rechte Fußspitze zwischen die Füße des Gegenübers zeigt.

Falsche Fußstellung:
Fußspitze an Fußspitze

Richtige Grundstellung:
Die geschlossenen Füße
stehen »vierspurig« – das
heißt: Jeweils die rechte
Fußspitze zeigt zwischen
die Füße des Partners

■ Der Herr legt die rechte Hand mit geschlossenen Fingern auf den unteren Teil des linken Schulterblatts der Dame. (Vorsicht, das oft zu sehende Umklammern der Taille behindert die Partnerin in ihren Bewegungen!) Die Fingerspitzen weisen schräg nach unten, der Ellbogen wird angehoben.

Der Herr legt seine rechte Hand auf den unteren Teil des linken Schulterblatts der Dame. Die Fingerspitzen weisen schräg nach unten

■ Die Dame legt ihre linke Hand auf den rechten Oberarm des Herrn, ohne sich jedoch dabei bequem abzustützen. Der Daumen zeigt nach innen, die vier anderen Finger sind geschlossen.

Die Dame legt ihre linke Hand auf den rechten Oberarm des Herrn, knapp hinter die Schulterkugel

■ Die Finger ihrer rechten Hand legt die Dame locker zwischen Daumen und Zeigefinger der linken Hand des Herrn. Die gefaßten Hände werden etwa auf Augenhöhe des kleineren Partners gehalten, die Arme leicht angewinkelt seitlich weggestreckt. Dabei darf der Herr den Arm der Dame nicht vordrücken. Richtig ist die Haltung, wenn der Ellbogen des Herrn mit dem Rücken etwa eine Linie bildet.

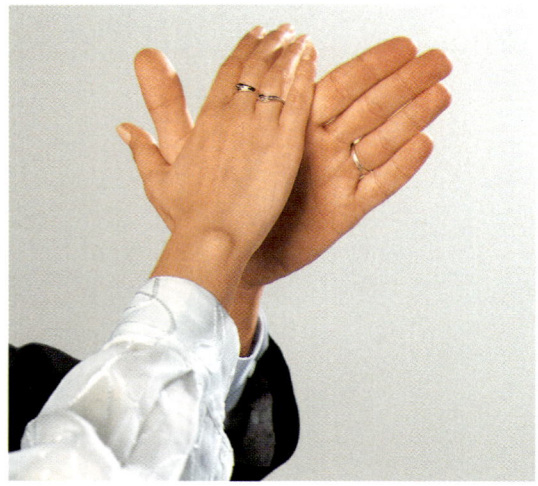

So legt die Dame ihre rechte Hand in die linke Hand des Herrn...

...dann werden die Finger locker geschlossen

Die weggestreckten Arme sind auf engen Tanzflächen äußerst hinderlich, denn es droht ein Verhakeln mit anderen Paaren. Je weniger Platz, desto stärker sollten die Arme angewinkelt werden. Erlaubt ist im Fall des Falles auch eine völlig legere Haltung: Man faßt sich an den Händen und läßt die Arme einfach hängen.

Vorsicht, Fußangeln!

Tanzen bedeutet, daß sich zwei Menschen in ihren Bewegungen völlig einander anpassen. Geht der Herr voraus, geht die Dame zurück und umgekehrt. Macht er einen Schritt nach rechts, muß sie nach links usw. Daß sich dabei die Beine zumindest anfangs manchmal ins Gehege kommen, bleibt nicht aus. Schließlich ist es beim Tanzen verpönt, den Blick zur »Fußkontrolle« nach unten zu richten. Wer drunter steht, ist schuld, lautet eine alte Tänzer-Weisheit. Doch keine Sorge, das Gespür für den Schritt in die richtige Richtung und damit auf eine freie Stelle kommt mit der Zeit von selbst. Und so sieht die Fußarbeit der Tänzer aus:
Es gibt Vorwärtsschritte, Rückwärtsschritte und Seitschritte. Dabei werden die Beine nicht anders bewegt, die Füße nicht anders gesetzt als beim Spazierengehen. Ein Vorwärtsschritt rechts oder links wird mit der Ferse angesetzt und auf den Ballen abgesenkt. Und merke:

Der Schritt rechts vorwärts geht immer zwischen die Füße der Partnerin bzw. des Partners, während jeder Schritt links vorwärts am Gegenüber vorbeigesetzt wird.

Vorwärtsschritte werden – wie beim normalen Gehen – mit der Ferse angesetzt

Beim Rückwärtsschritt rechts oder links setzt der Fuß mit dem Ballen auf und rollt dann auf die Ferse ab. Beim Seitschritt nach links oder rechts wird der Fuß mit der gesamten Fläche aufgesetzt. Eine kompliziertere Fußarbeit bleibt zumindest dem Tanz-Anfänger erspart.

Rückwärtsschritte werden mit dem Ballen angesetzt

Beim Seitschritt setzt der Fuß flach auf

Eine Besonderheit ist die Promenadenposition: Hier macht das Paar einen Schritt zur Seite, setzt jedoch die Füße wie bei einem Vorwärtsschritt. Dabei drehen auch die Körper in diese Richtung, wodurch sich das Paar in der Promenadenstellung nach vorn automatisch v-förmig öffnet. Bei den Standardtänzen erfolgt dies auf Grund der engen Tanzhaltung weniger ausgeprägt als bei den lateinamerikanischen Tänzen.

Promenadenposition: Das Paar öffnet sich leicht nach vorn, behält aber dennoch Körperkontakt

In der Promenadenposition macht das Paar einen Seitschritt so, als wäre er ein Vorwärtsschritt

Übrigens: Es erhöht das Tanzvergnügen um ein Vielfaches, wenn der Herr nicht mit »Siebenmeilenstiefeln« übers Parkett eilt. Er muß seine Schrittlänge den Möglichkeiten der Partnerin anpassen, nur dann kann sie mühelos mithalten.

Verkehrsregeln auf dem Parkett

Getanzt wird normalerweise auf einer begrenzten Fläche im Saal oder auch unter freiem Himmel. Zu Wiener-Walzer-Klängen ungebremst übers Parkett zu wirbeln, bleibt allerdings meist ein reizvoller Traum. Tanzböden sind nämlich normalerweise hoffnungslos überfüllt. Jedes Paar kämpft mehr oder weniger energisch um sein bißchen Freiraum, und tatsächlich bleibt allzuoft gerade noch der Platz für die Füße und einen »Steh-Blues«. Insider jedoch wissen aus Erfahrung, wann sich das Gedränge lichtet. Sie halten zum Beispiel an Silvester oder auf Faschingsbällen durch bis weit nach Mitternacht. So zwischen ein und drei Uhr morgens kann man endlich richtig loslegen, und dann zeigen sich die Könner auch darin, daß sie sich nicht gegenseitig ins Gehege kommen.

Damit Ordnung auf der Tanzfläche herrscht und kein Paar das andere behindert, wurden so etwas ähnliches wie Verkehrsregeln festgelegt. Sie finden zwar bei normalen Tanzveranstaltungen so gut wie nie Beachtung, gelten aber in Tanzschulen und natürlich bei Tanzturnieren fast überall auf der Welt. Für den Anfänger, der sich als Autodidakt ans Tanzen heranwagt, ist es geradezu unerläßlich, die Regeln zu kennen. Sie geben Anhalts- und Orientierungspunkte im Raum und erleichtern so das Lernen im eigenen Wohnzimmer ganz enorm. Beispielsweise ist es für die Selbstkontrolle hilfreich, zu wissen: Laut Tanzanweisung stehe ich nach Beendigung einer Drehung »Rücken zur Wand«. Wenn's stimmt, habe ich weder zu wenig noch zu weit gedreht.

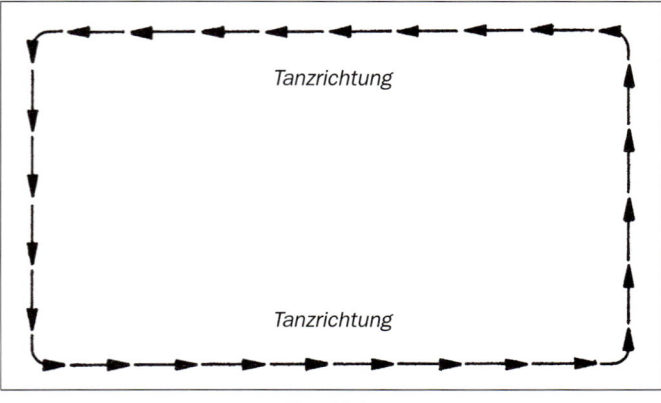

Tanzfläche

Auf jeder Fläche verläuft die vorgeschriebene Tanzrichtung grundsätzlich entgegen dem Uhrzeigersinn. Das heißt, die Paare bewegen sich rechts herum durch den Raum und tanzen den möglichst weit aus. Dabei kostet es einige Mühe, dem scheinbar zwanghaften Drang zur Mitte erfolgreich zu widerstehen.

Die Schaubilder auf den Seiten 22 und 23 geben einen Überblick über die verschiedenen Bewegungsrichtungen, die in den Anleitungen zu den einzelnen Tanzfiguren für jeden Schritt angegeben sind. Führt beispielsweise ein Schritt vorwärts hin zur Wand, heißt es »Front zur Wand«. Geht der Schritt rückwärts Richtung Mitte, spricht man von »Rücken zur Mitte« usw. Gesehen wird die Bewegungsrichtung auch immer in Verbindung mit der Tanzrichtung: »Front schräg zur Wand« beispielsweise bedeutet, daß die Bewegung schräg zur Wand in Tanzrichtung verläuft. Andernfalls wird ausdrücklich vermerkt »Front schräg zur Wand gegen die Tanzrichtung«.

Drehungen müssen beim Tanzen exakt ausgeführt werden, denn es soll ja anschließend weitergehen. Damit es für den Anfänger nicht zu schwierig ist, beschränken wir uns vorerst auf ganze Drehungen (360°), halbe Drehungen (180°), Vierteldrehungen (90°) und Achteldrehungen (45°). Die Tanzanweisungen sagen, in welcher Richtung eine Drehung beginnt und endet, und in welcher Position man sich zwischendurch befindet. Die Schrittzeichnungen geben die erforderliche optische Unterstützung. Der jeweils zugeordnete Richtungsstern verdeutlicht Start- und Endposition, die Drehungsrichtung sowie den Umfang der Drehung.

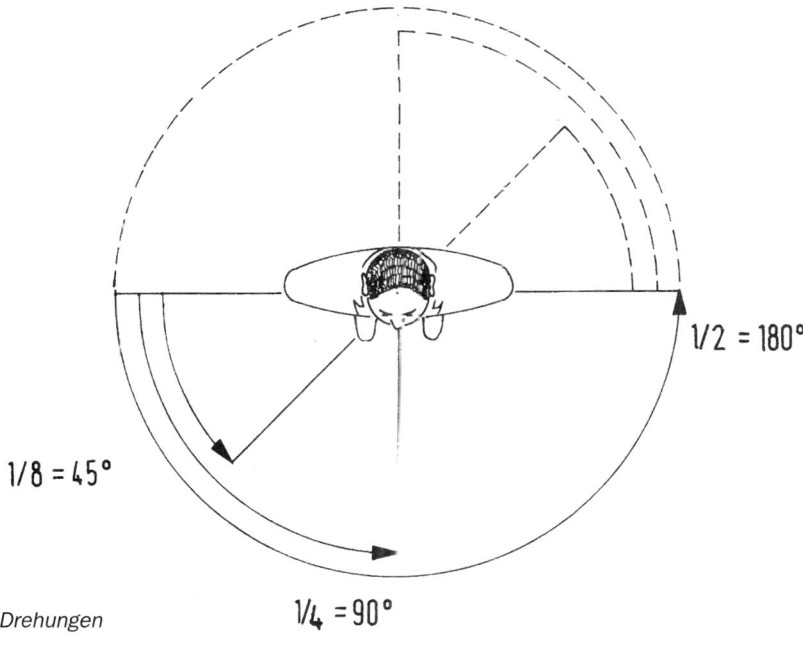

1/2 = 180°

1/8 = 45°

1/4 = 90°

Drehungen

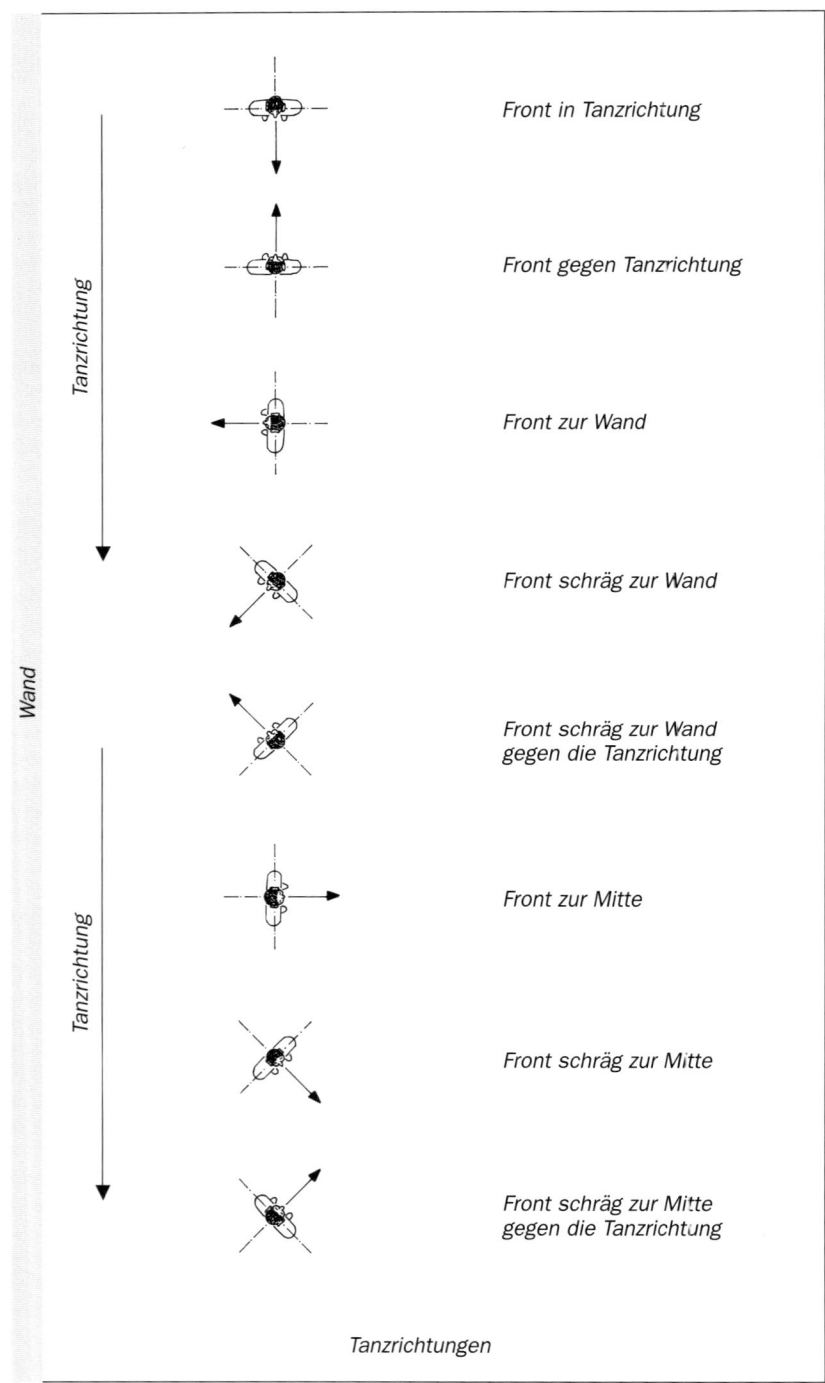

Front in Tanzrichtung

Front gegen Tanzrichtung

Front zur Wand

Front schräg zur Wand

Front schräg zur Wand
gegen die Tanzrichtung

Front zur Mitte

Front schräg zur Mitte

Front schräg zur Mitte
gegen die Tanzrichtung

Tanzrichtungen

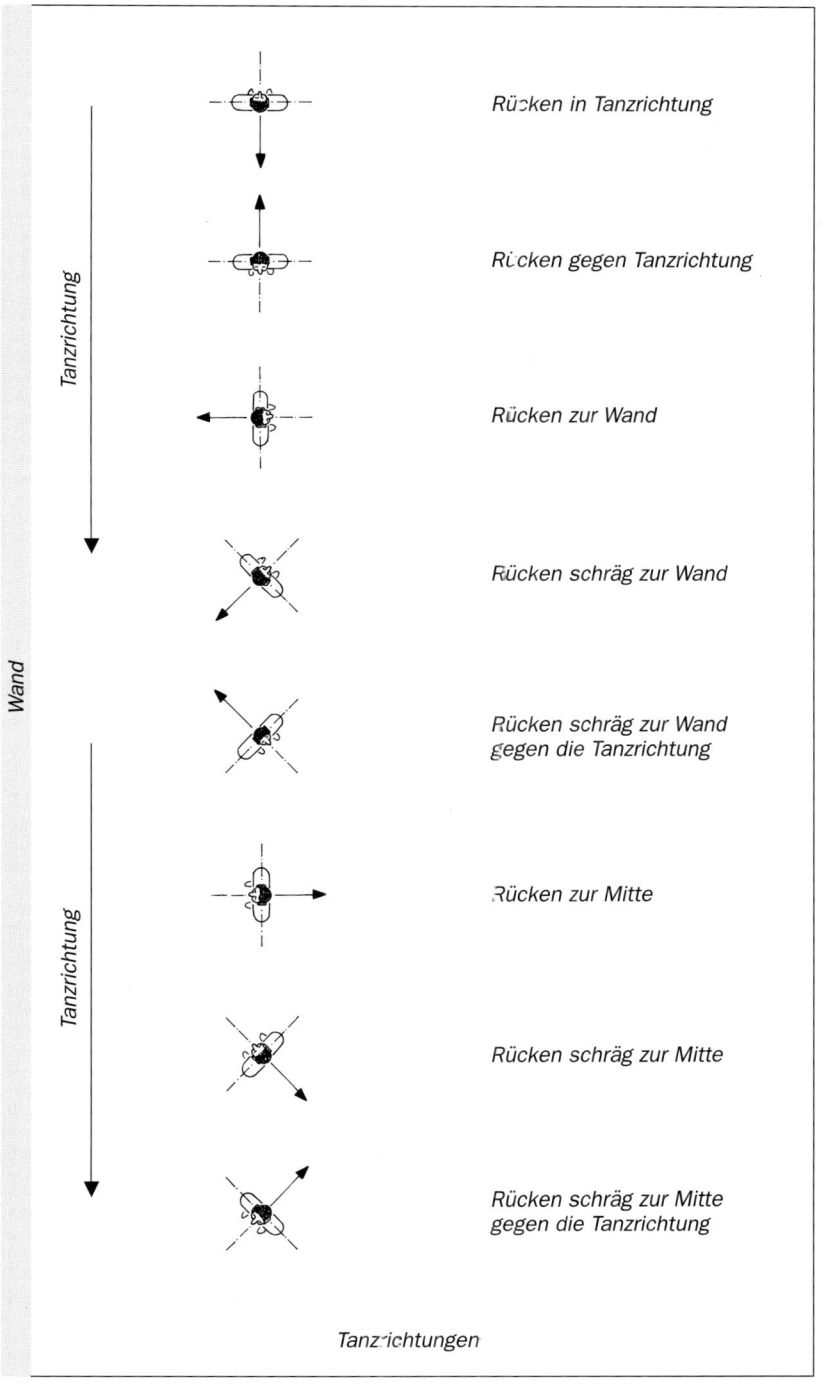

Rücken in Tanzrichtung

Rücken gegen Tanzrichtung

Rücken zur Wand

Rücken schräg zur Wand

Rücken schräg zur Wand
gegen die Tanzrichtung

Rücken zur Mitte

Rücken schräg zur Mitte

Rücken schräg zur Mitte
gegen die Tanzrichtung

Tanzrichtungen

Der Tanz zum Durchmogeln:
Foxtrott (Quickstep)

Fein heraus ist, wer ihn kann, den Foxtrott. Dieser geniale Tanz, der seinen Ursprung Mitte der 20er Jahre in England nahm, läßt sich so ziemlich jeder Musik anpassen. Ob langsamer »Schleicher« oder fetziger Rock, der Foxtrott hilft allemal bravourös über die Runden. Ein weiterer Vorteil: Der Tanz geht schnell »in die Beine«, und deshalb beherrschen ihn sogar die meisten Gelegenheitstänzer.

Die swingende Foxtrott-Musik steht im *Vierviertel*-Takt (36 bis 52 Takte pro Minute). Auf zwei Taktteile kommt jeweils ein langsamer, auf einen Taktteil ein schneller Schritt. Der Rhythmus lautet demnach: 1 langsam – 2 langsam – 3 schnell – 4 schnell – 5 langsam – 6 langsam – 7 schnell – 8 schnell.

Beginnen wir mit dem *Grundschritt*: Der Herr steht zunächst »Front zur Wand«. Seine Vorwärtsschritte gehen immer in Richtung Wand, die Rückwärtsschritte zur Mitte. Für die Dame ist es genau umgekehrt. Das Paar bewegt sich seitwärts voran in Tanzrichtung.

Klappt diese Übung, darf der Grundschritt schwungvoller getanzt werden, nämlich leicht drehend. Die Ausgangsposition für den Herrn ist dann Front schräg zur Wand. Das Paar dreht sich von Schritt zwei bis vier leicht nach rechts, von Schritt sechs bis acht leicht nach links. In der Praxis ergibt sich diese Vierteldrehung ohnehin nahezu von selbst.

Der Rhythmus fällt leichter, wenn Sie anfangs laut mitsprechen:
vor – vor – Seit' – Schluß – 'rück – 'rück – Seit' – Schluß.

Foxtrott (Quickstep)

Startposition: Front zur Wand
Schlußposition: Rücken zur Mitte

Grundschritt – Herr

1. Schritt:	linker Fuß vorwärts (langsam)	Front zur Wand
2. Schritt:	rechter Fuß vorwärts (langsam)	Front zur Wand
3. Schritt:	linker Fuß seitwärts (schnell)	Front zur Wand
4. Schritt:	rechter Fuß schließt neben linkem Fuß (schnell)	Front zur Wand
5. Schritt:	linker Fuß rückwärts (langsam)	Rücken zur Mitte
6. Schritt:	rechter Fuß rückwärts (langsam)	Rücken zur Mitte
7. Schritt:	linker Fuß seitwärts (schnell)	Rücken zur Mitte
8. Schritt:	rechter Fuß schließt neben linkem Fuß (schnell)	Rücken zur Mitte

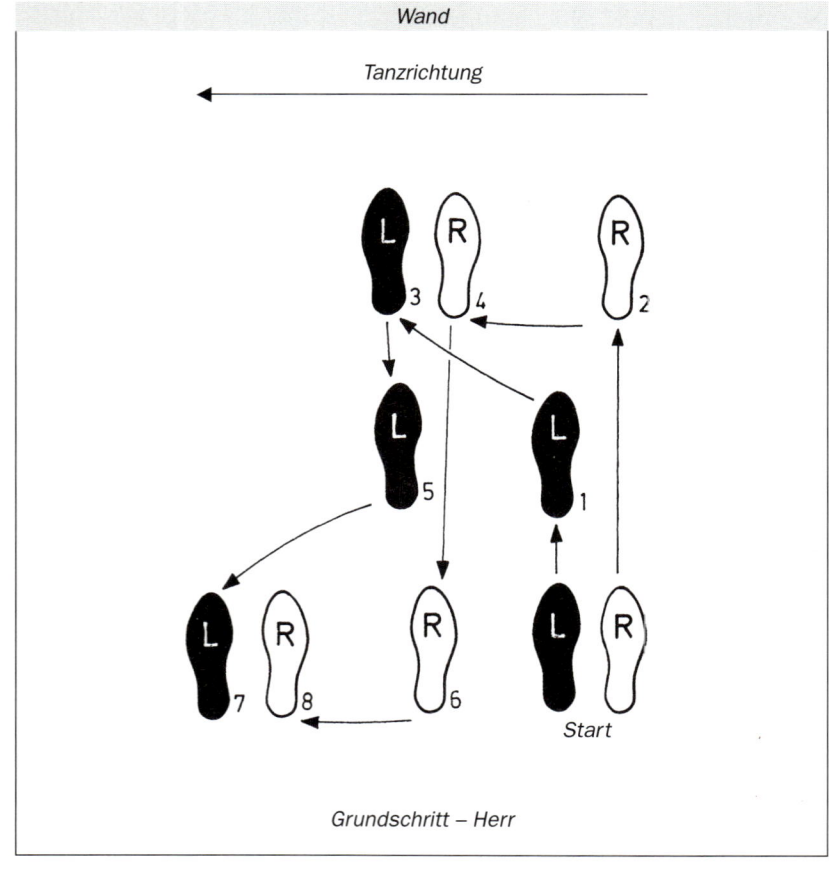

Wand

Tanzrichtung

Start

Grundschritt – Herr

Foxtrott – Grundschritt:
Beim ersten Schritt vorwärts setzt der Herr seinen linken Fuß am rechten Fuß der
Dame vorbei

Foxtrott – Grundschritt:
Schritt fünf der Dame geht vorwärts zwischen die Füße des Herrn

Foxtrott – Grundschritt:
Der Seitschritt (Herr links, Dame rechts) darf nicht zu groß ausfallen

Foxtrott (Quickstep)

Startposition: Rücken zur Wand
Schlußposition: Front zur Mitte

Grundschritt – Dame

1. Schritt:	rechter Fuß rückwärts (langsam)	Rücken zur Wand
2. Schritt:	linker Fuß rückwärts (langsam)	Rücken zur Wand
3. Schritt:	rechter Fuß seitwärts (schnell)	Rücken zur Wand
4. Schritt:	linker Fuß schließt neben rechtem Fuß (schnell)	Rücken zur Wand
5. Schritt:	rechter Fuß vorwärts (langsam)	Front zur Mitte
6. Schritt:	linker Fuß vorwärts (langsam)	Front zur Mitte
7. Schritt:	rechter Fuß seitwärts (schnell)	Front zur Mitte
8. Schritt:	linker Fuß schließt neben rechtem Fuß (schnell)	Front zur Mitte

Grundschritt – Dame

Start

6   8   7

1   5

2   4   3

Tanzrichtung

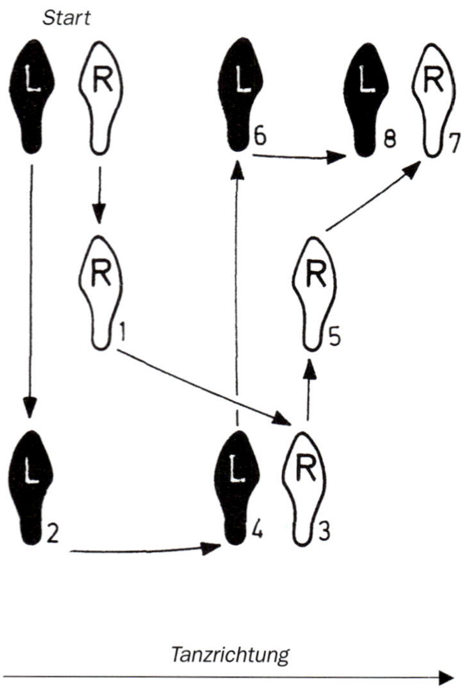

Wand

Vom gedreht getanzten Grundschritt geht es in die Rechtsachsendrehung. Sie besteht aus zwölf Schritten. Der Herr beginnt »Front schräg zur Wand« und endet in derselben Position.

Foxtrott – Rechtsachsendrehung:
Die Rechtsachsendrehung macht den Foxtrott zum schwungvollen Tanz

Foxtrott (Quickstep)

Startposition: Front schräg zur Wand
Drehung: 360° nach rechts
Schlußposition: Front schräg zur Wand

Rechtsachsendrehung – Herr

1. Schritt:	linker Fuß vorwärts (langsam)	Front schräg zur Wand
2. Schritt:	rechter Fuß vorwärts (langsam)	Front schräg zur Wand
3. Schritt:	linker Fuß seitwärts (schnell), nach rechts drehen	Rücken in Tanzrichtung
4. Schritt:	rechter Fuß schließt neben linkem Fuß (schnell)	Rücken in Tanzrichtung
5. Schritt:	linker Fuß schräg rückwärts (langsam) auf dem Fuß um 180° drehen	Rücken in Tanzrichtung
6. Schritt:	rechter Fuß vorwärts (langsam)	Front in Tanzrichtung
7. Schritt:	linker Fuß seitwärts (schnell), nach rechts drehen	Rücken schräg zur Mitte
8. Schritt:	rechter Fuß schließt neben linkem Fuß (schnell)	Rücken schräg zur Mitte
9. Schritt:	linker Fuß schräg rückwärts (langsam)	Rücken schräg zur Mitte
10. Schritt:	rechter Fuß rückwärts (langsam), Drehung nach links beginnen	Rücken schräg zur Mitte
11. Schritt:	linker Fuß seitwärts (schnell), weiter nach links drehen	Front schräg zur Wand
12. Schritt:	rechter Fuß schließt neben linkem Fuß (schnell) Linksdrehung beenden	Front schräg zur Wand

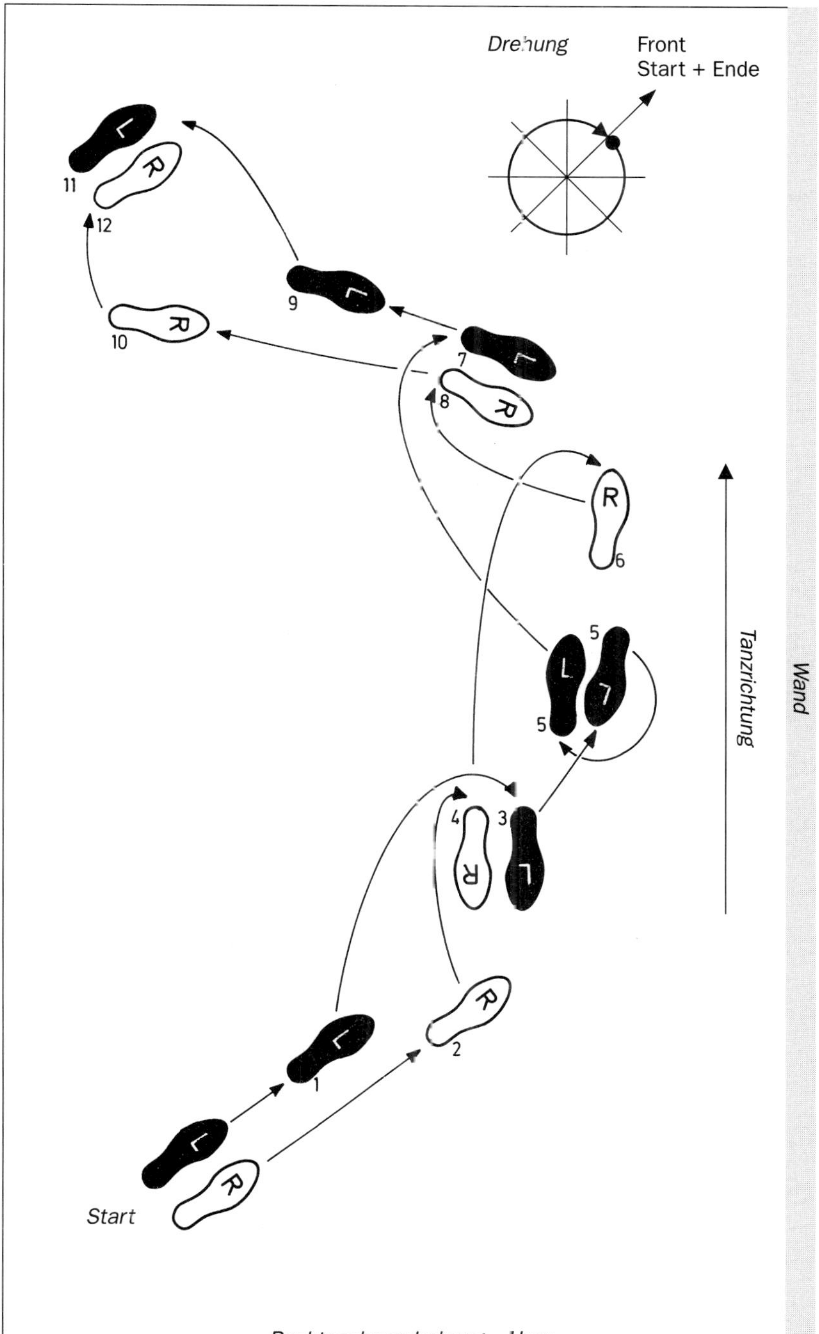

Drehung

Front
Start + Ende

11
12

9

10
7

8

6

R

Tanzrichtung

Wand

5
5
5

4
3

1
2

R

Start

Rechtsachsendrehung – Herr

Foxtrott (Quickstep)

Startposition: Rücken schräg zur Wand
Drehung: 360° nach rechts
Schlußposition: Rücken schräg zur Wand

Rechtsachsendrehung – Dame

1. Schritt:	rechter Fuß rückwärts (langsam)	Rücken schräg zur Wand
2. Schritt:	linker Fuß rückwärts (langsam) Drehung nach rechts beginnen	Rücken schräg zur Wand
3. Schritt:	rechter Fuß seitwärts (schnell), nach rechts drehen	Front in Tanzrichtung
4. Schritt:	linker Fuß schließt neben rechtem Fuß (schnell)	Front in Tanzrichtung
5. Schritt:	rechter Fuß vorwärts (langsam), um 180° nach rechts drehen	Front in Tanzrichtung
6. Schritt:	linker Fuß schräg rückwärts (langsam) nach rechts drehen	Rücken in Tanzrichtung
7. Schritt:	rechter Fuß seitwärts (schnell), nach rechts drehen	Front schräg zur Mitte
8. Schritt:	linker Fuß schließt neben rechtem Fuß (schnell) Rechtsdrehung beenden	Front schräg zur Mitte
9. Schritt:	rechter Fuß vorwärts (langsam)	Front schräg zur Mitte
10. Schritt:	linker Fuß vorwärts (langsam) Drehung nach links beginnen	Front schräg zur Mitte
11. Schritt:	rechter Fuß seitwärts (schnell), weiter nach links drehen	Rücken schräg zur Wand
12. Schritt:	linker Fuß schließt neben rechtem Fuß (schnell) Linksdrehung beenden	Rücken schräg zur Wand

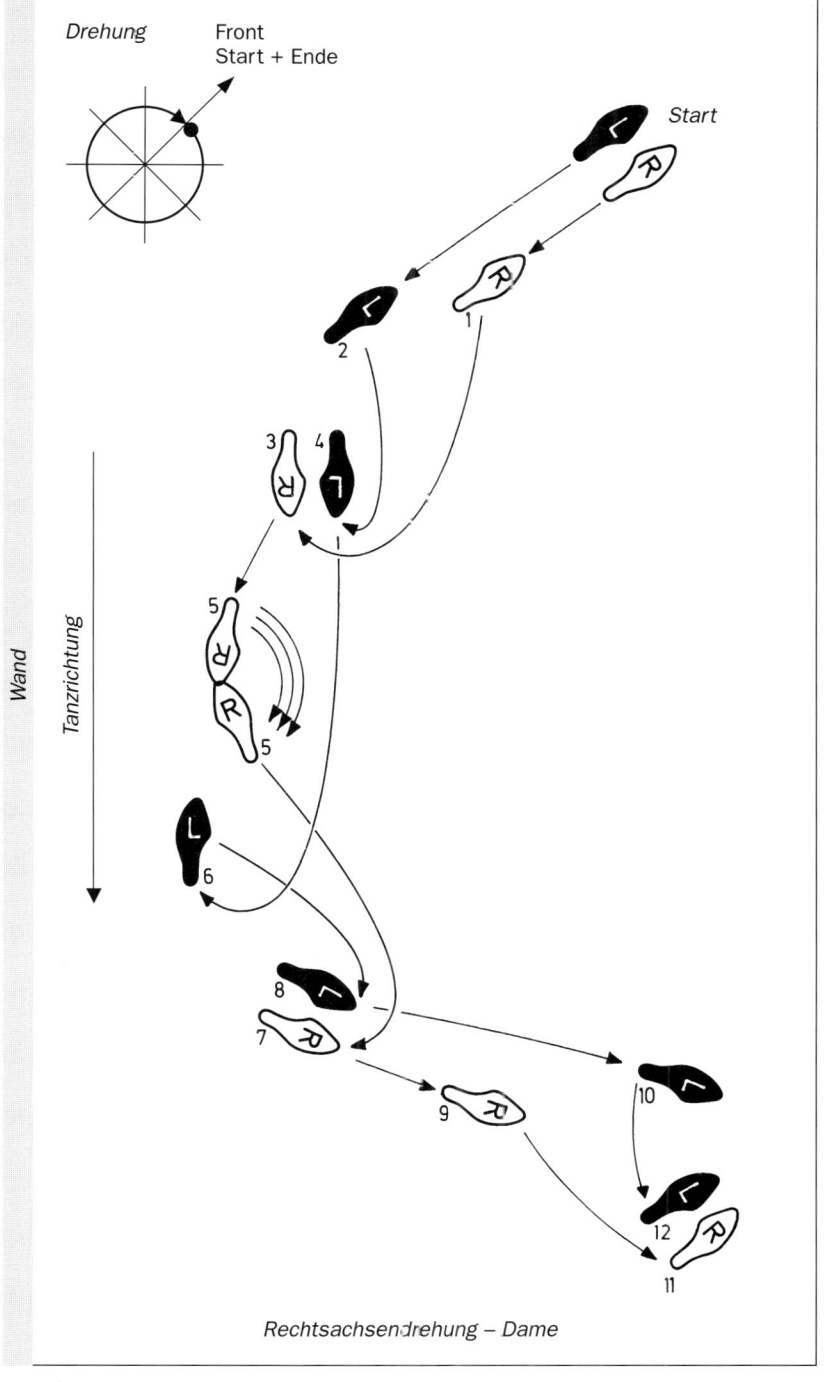

Drehung   Front
           Start + Ende

Start

Wand

Tanzrichtung

Rechtsachsendrehung – Dame

Nun geht es darum, eine Figur harmonisch der anderen anzuschließen. Tanzen Sie zuerst den normalen Grundschritt, gehen Sie dann in den leicht gedrehten Grundschritt über. Jetzt folgt die Rechtsachsendrehung. Schon etwas geübte Tänzer halten sich natürlich nicht sklavisch an diese Vorgabe, sondern reihen die Figuren ganz nach Lust und Laune aneinander.
Übrigens: Gern spielen Kapellen die Foxtrott-Musik im Marschrhythmus. Gemeint ist ein Zweivierteltakt mit 60 Takten pro Minute. Bei einem solchen »Marschfox« sind alle Schritte gleich, nämlich schnell. Die Schrittfolgen unterscheiden sich jedoch nicht vom Foxtrott.

Der *Disco-Fox* ist bewegungsintensiver als der normale Foxtrott und vollzieht dadurch den Rhythmus moderner (Disco-)Musik bedeutend besser nach. Was die Tanzhaltung betrifft, gibt es keine starren Vorschriften. Möglich ist die übliche Standardhaltung, doch darf's auch legerer sein. Meist halten die Paare ihre gefaßten Hände einfach unten.
Der Disco-Fox steht im *Viervierteltakt*, sein Rhythmus ist 1 langsam – 2 langsam – 3 schnell – 4 schnell. Für den Grundschritt wie auch für die anschließende Rechtsdrehung gilt: Beim ersten Schritt dreht sich das Paar zueinander, bei den Schritten drei und vier öffnet es sich leicht zur Promenadenstellung. Zählen Sie beim Tanzen mit: eins – zwei – drei und... Die Ausgangsstellung kann beliebig gewählt werden. Der Herr beginnt beispielsweise »Front in Tanzrichtung«.

Disco-Fox

Startposition: beliebig
Schlußposition: Promenadenstellung

Grundschritt – Herr

1. Schritt: linker Fuß seitwärts (langsam)
2. Schritt: rechten Fuß am Platz aufsetzen (langsam)
3. Schritt: linker Fuß rückwärts (schnell)
            nur Ballen belasten
            Promenadenstellung, Paar öffnet sich leicht
4. Schritt: Gewicht auf rechten Fuß übertragen (schnell)
            Promenadenstellung beibehalten

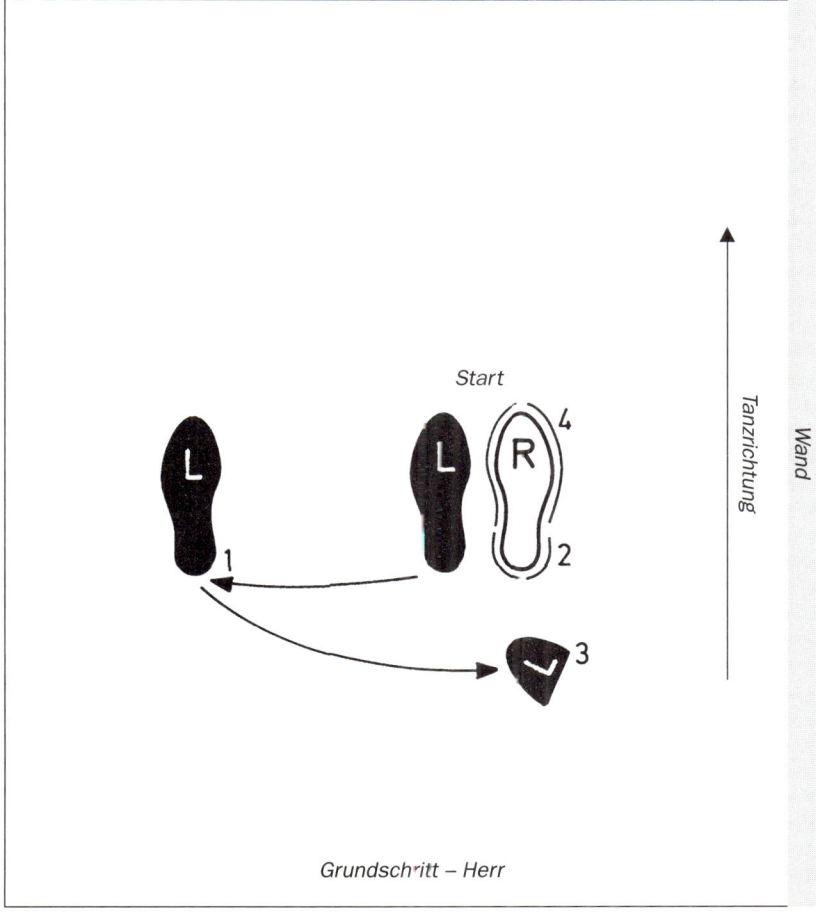

Grundschritt – Herr

Disco-Fox – Grundschritt:
Bei Schritt drei öffnet sich das Paar zur Promenadenstellung

Disco-Fox – Grundschritt:
Bei Schritt vier belastet der Herr den rechten, die Dame den linken Fuß, die offene
Stellung wird beibehalten

Disco-Fox

Startposition: in Gegenüberstellung zum Herrn
Schlußposition: Promenadenstellung

Grundschritt – Dame

1. Schritt: rechter Fuß seitwärts (langsam)
2. Schritt: linken Fuß am Platz aufsetzen (langsam)
3. Schritt: rechter Fuß rückwärts (schnell)
            nur Ballen belasten
            Promenadenstellung, Paar öffnet sich leicht
4. Schritt: Gewicht auf linken Fuß übertragen (schnell)
            Promenadenstellung beibehalten

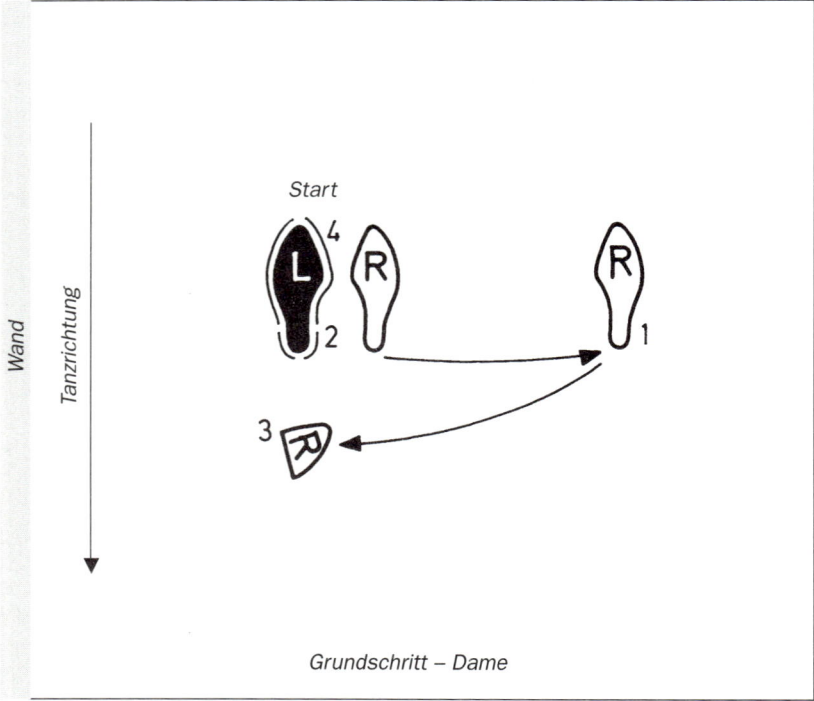

Grundschritt – Dame

Genauso einfach wie der Grundschritt ist die *Rechtsdrehung*, denn auch sie besteht lediglich aus vier Schritten. Soll sie dem Grundschritt angeschlossen werden, macht der Herr aus der Promenadenposition den ersten Schritt links rückwärts. Er wird im Zusammenhang mit der Drehung etwas seitwärts gesetzt, damit die Dame bei ihrem Vorwärtsschritt rechts den Fuß gut zwischen den Füßen des Herrn plazieren kann.

Disco-Fox

Startposition: beliebig, Promenadenstellung
Drehung: leicht (ca. 45°) nach rechts
Schlußposition: Promenadenstellung

Rechtsdrehung – Herr

1. Schritt: linker Fuß schräg rückwärts, etwas seitwärts (langsam)
nach rechts drehen
2. Schritt: rechter Fuß schräg vorwärts (langsam)
nach rechts drehen
3. Schritt: linker Fuß rückwärts (schnell)
nur Ballen belasten
Promenadenstellung, Paar öffnet sich leicht
4. Schritt: Gewicht auf rechten Fuß übertragen (schnell)
Promenadenstellung beibehalten

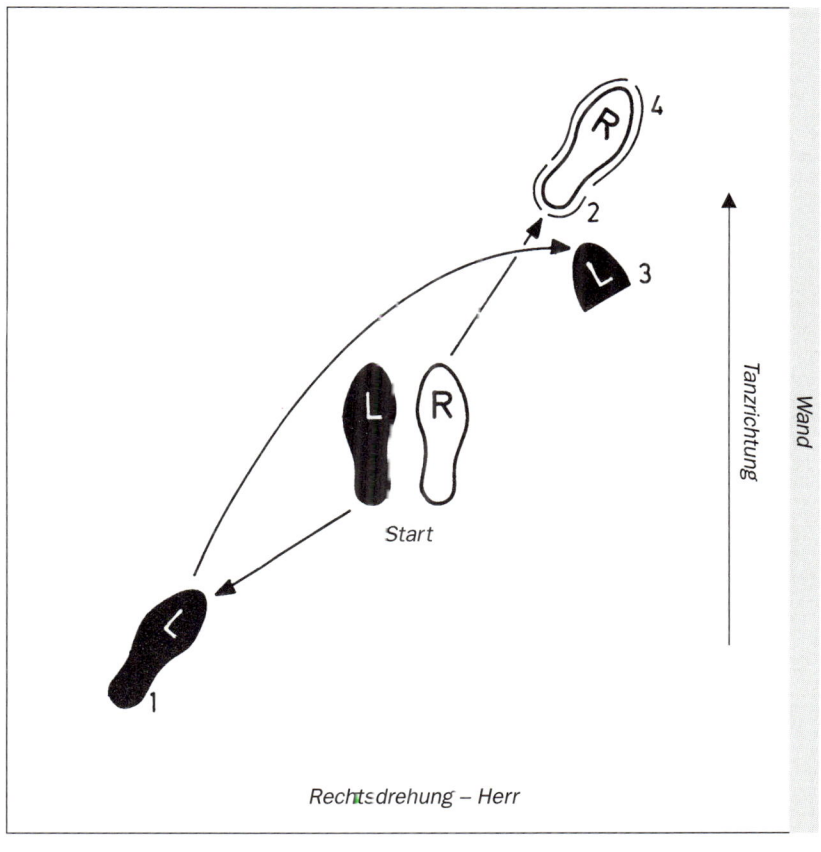

Rechtsdrehung – Herr

Disco-Fox – Rechtsdrehung:
Bei der Rechtsdrehung wird mit den ersten beiden Schritten gedreht

Disco-Fox

Startposition: in Gegenüberstellung zum Herrn
Drehung: leicht (ca. 45°) nach rechts
Schlußposition: Promenadenstellung

Rechtsdrehung – Dame

1. Schritt: rechter Fuß schräg vorwärts (langsam), nach rechts drehen
2. Schritt: linker Fuß schräg rückwärts (langsam), nach rechts drehen
3. Schritt: rechter Fuß rückwärts (schnell), nur Ballen belasten
   Promenadenstellung, Paar öffnet sich leicht
4. Schritt: Gewicht auf linken Fuß übertragen (schnell)
   Promenadenstellung beibehalten

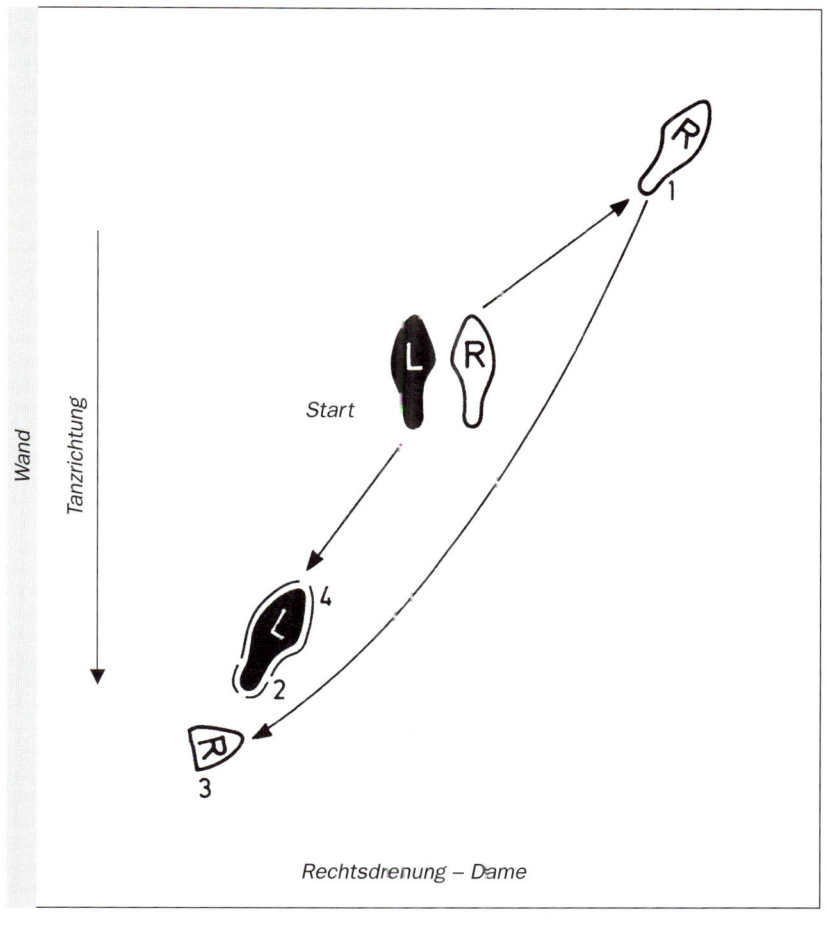

Rechtsdrehung – Dame

Harmonie ist alles: Langsamer Walzer

Mit seinen weichen, fließenden Bewegungsabläufen ist der Langsame Walzer einer der schönsten Gesellschaftstänze. Seine Schrittfolgen sind denkbar einfach. Die Raffinesse liegt für das Tanzpaar vielmehr darin, den alles bestimmenden rhythmischen Schwung in vollendeter Harmonie zu zeigen.

Die Musik steht im *Dreivierteltakt* (30 bis 32 Takte pro Minute). Jeweils auf den ersten Taktschlag erfolgen die Schritte eins und vier. Für alle Schritte ist der Rhythmus gleich. Sie erlernen diesen Tanz leichter, wenn Sie anfangs laut von eins bis sechs mitzählen oder sich selbst vorsagen: vor – Seit' – Schluß – vor – Seit' – Schluß...

Zu Beginn steht der Herr »Front in Tanzrichtung«. Er achtet beim Grundschritt darauf, daß der Vorwärtsschritt mit dem rechten Fuß zwischen die Füße der Dame gesetzt wird, der linke Vorwärtsschritt dagegen neben den rechten Fuß der Partnerin.

Langsamer Walzer

Startposition: Front in Tanzrichtung
Schlußposition: Front in Tanzrichtung

Grundschritt – Herr

1. Schritt:	rechter Fuß vorwärts	Front in Tanzrichtung
2. Schritt:	linker Fuß seitwärts	Front in Tanzrichtung
3. Schritt:	rechter Fuß schließt neben linkem Fuß	Front in Tanzrichtung
4. Schritt:	linker Fuß vorwärts	Front in Tanzrichtung
5. Schritt:	rechter Fuß seitwärts	Front in Tanzrichtung
6. Schritt:	linker Fuß schließt neben rechtem Fuß	Front in Tanzrichtung

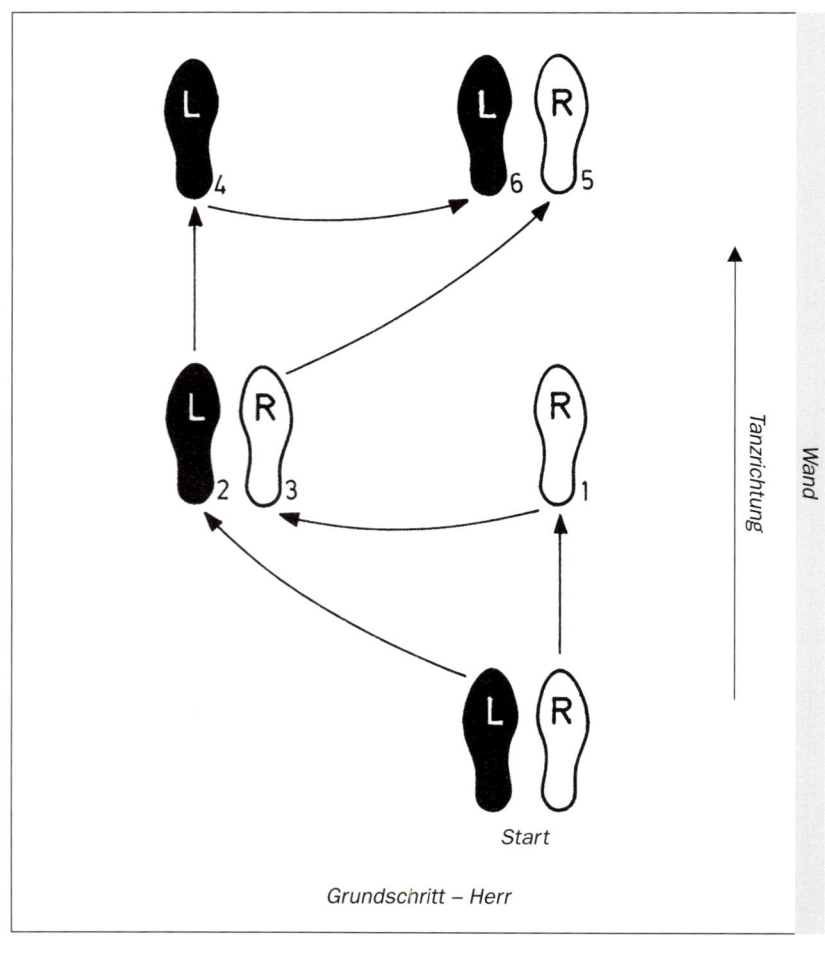

Grundschritt – Herr

Langsamer Walzer

Startposition: Rücken in Tanzrichtung
Schlußposition: Rücken in Tanzrichtung

Grundschritt – Dame

1. Schritt:	linker Fuß rückwärts	Rücken in Tanzrichtung
2. Schritt:	rechter Fuß seitwärts	Rücken in Tanzrichtung
3. Schritt:	linker Fuß schließt neben rechtem Fuß	Rücken in Tanzrichtung
4. Schritt:	rechter Fuß rückwärts	Rücken in Tanzrichtung
5. Schritt:	linker Fuß seitwärts	Rücken in Tanzrichtung
6. Schritt:	rechter Fuß schließt neben linkem Fuß	Rücken in Tanzrichtung

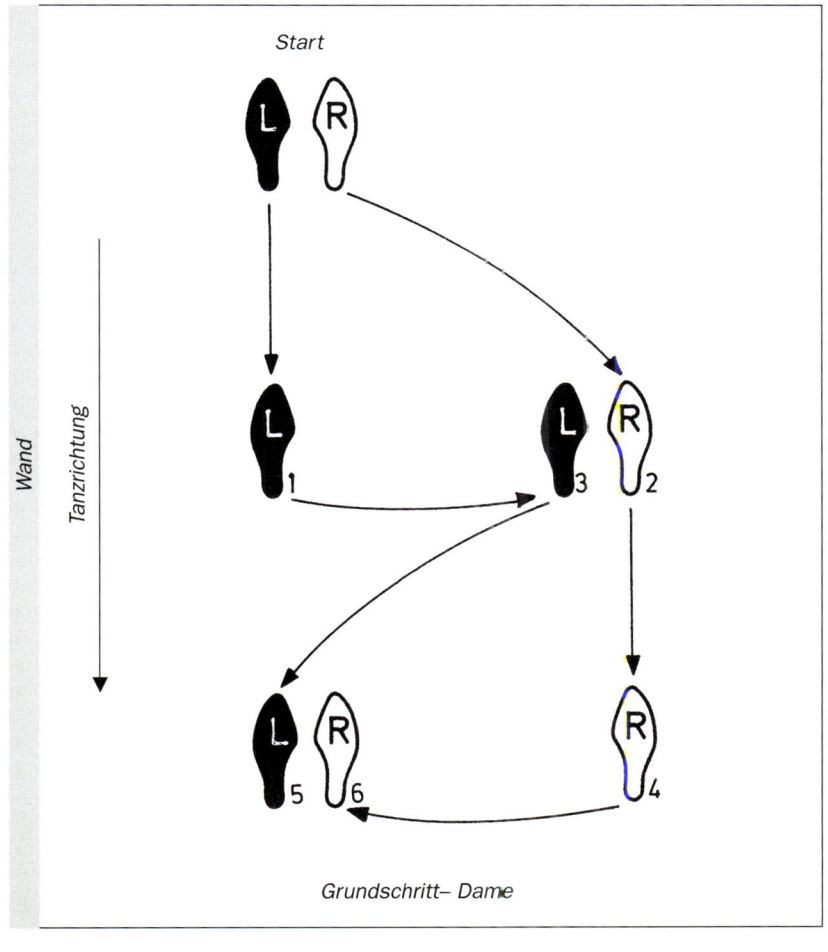

Grundschritt– Dame

Der Grundschritt wirkt für sich allein recht brav. Seinen schwungvollen Charakter erhält der Langsame Walzer erst durch die Rechts- und Linksdrehungen. Wieder startet der Herr »Front in Tanzrichtung«. Mit jeweils drei Schritten vollendet das Paar nun eine halbe Drehung (180°).

Beginnen wir mit der Rechtsdrehung, da sie den meisten Menschen leichter fällt. Der Herr achtet bei Schritt eins, die Dame bei Schritt vier darauf, daß der rechte Fuß vorwärts zwischen die Füße des Gegenübers gesetzt wird.

Langsamer Walzer

Startposition: Front in Tanzrichtung
Drehung: 360° nach rechts
Schlußposition: Front in Tanzrichtung

Rechtsdrehung – Herr

1. Schritt:	rechter Fuß schräg vorwärts	Front schräg zur Wand
2. Schritt:	linker Fuß seitwärts, stark nach rechts drehen	Rücken in Tanzrichtung
3. Schritt:	rechter Fuß schließt neben linkem Fuß halbe Rechtsdrehung (180°) beenden	Rücken in Tanzrichtung
4. Schritt:	linker Fuß schräg rückwärts	Rücken schräg zur Wand
5. Schritt:	rechter Fuß seitwärts, stark nach rechts drehen	Front in Tanzrichtung
6. Schritt:	linker Fuß schließt neben rechtem Fuß halbe Rechtsdrehung (180°) beenden	Front in Tanzrichtung

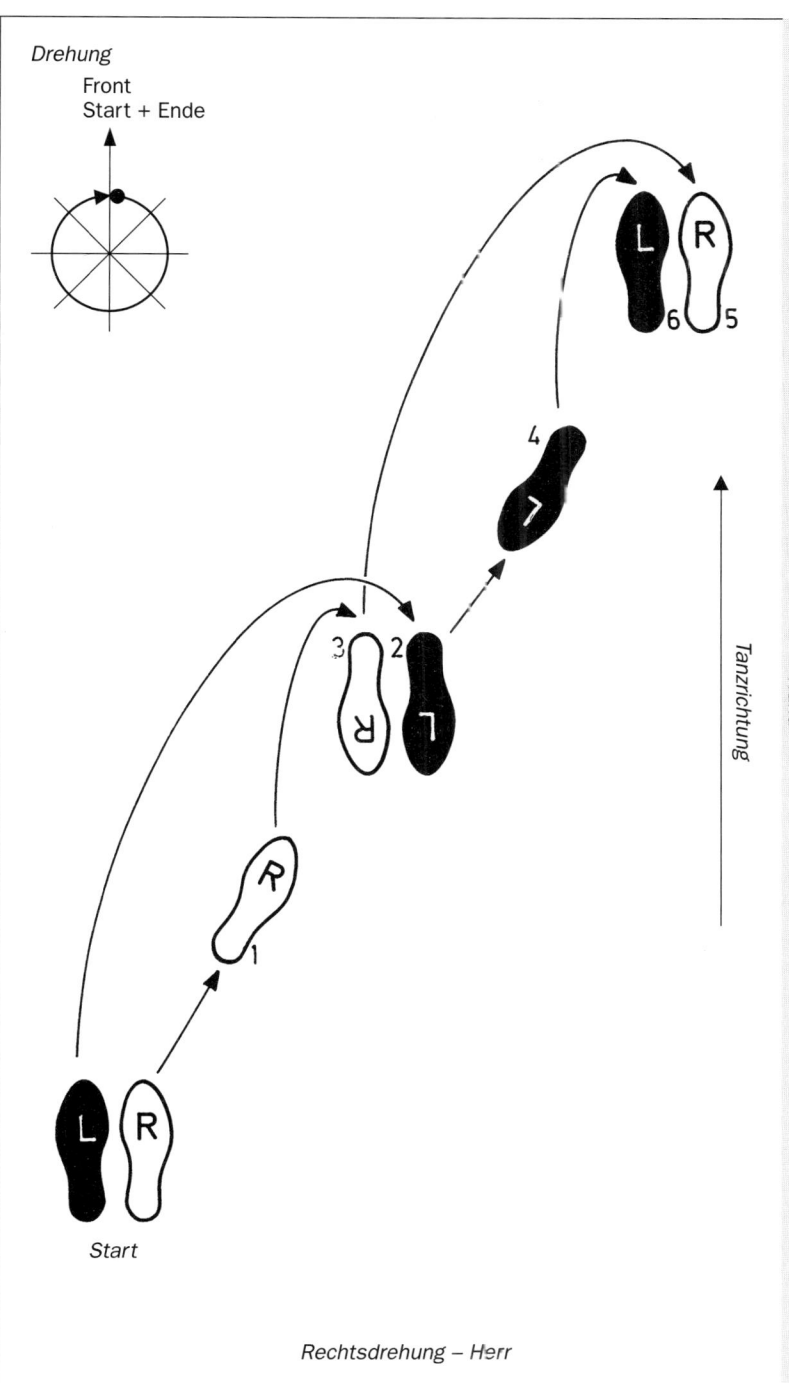

Drehung

Front
Start + Ende

Tanzrichtung

Wand

Start

Rechtsdrehung – Herr

Langsamer Walzer

Startposition: Rücken in Tanzrichtung
Drehung: 360° nach rechts
Schlußposition: Rücken in Tanzrichtung

Rechtsdrehung – Dame

1. Schritt:	linker Fuß schräg rückwärts	Rücken schräg zur Wand
2. Schritt:	rechter Fuß seitwärts, stark nach rechts drehen	Front in Tanzrichtung
3. Schritt:	linker Fuß schließt neben rechtem Fuß halbe Rechtsdrehung (180°) beenden	Front in Tanzrichtung
4. Schritt:	rechter Fuß schräg vorwärts	Front schräg zur Wand
5. Schritt:	linker Fuß seitwärts, stark nach rechts drehen	Rücken in Tanzrichtung
6. Schritt:	rechter Fuß schließt neben linkem Fuß halbe Rechtsdrehung (180°) beenden	Rücken in Tanzrichtung

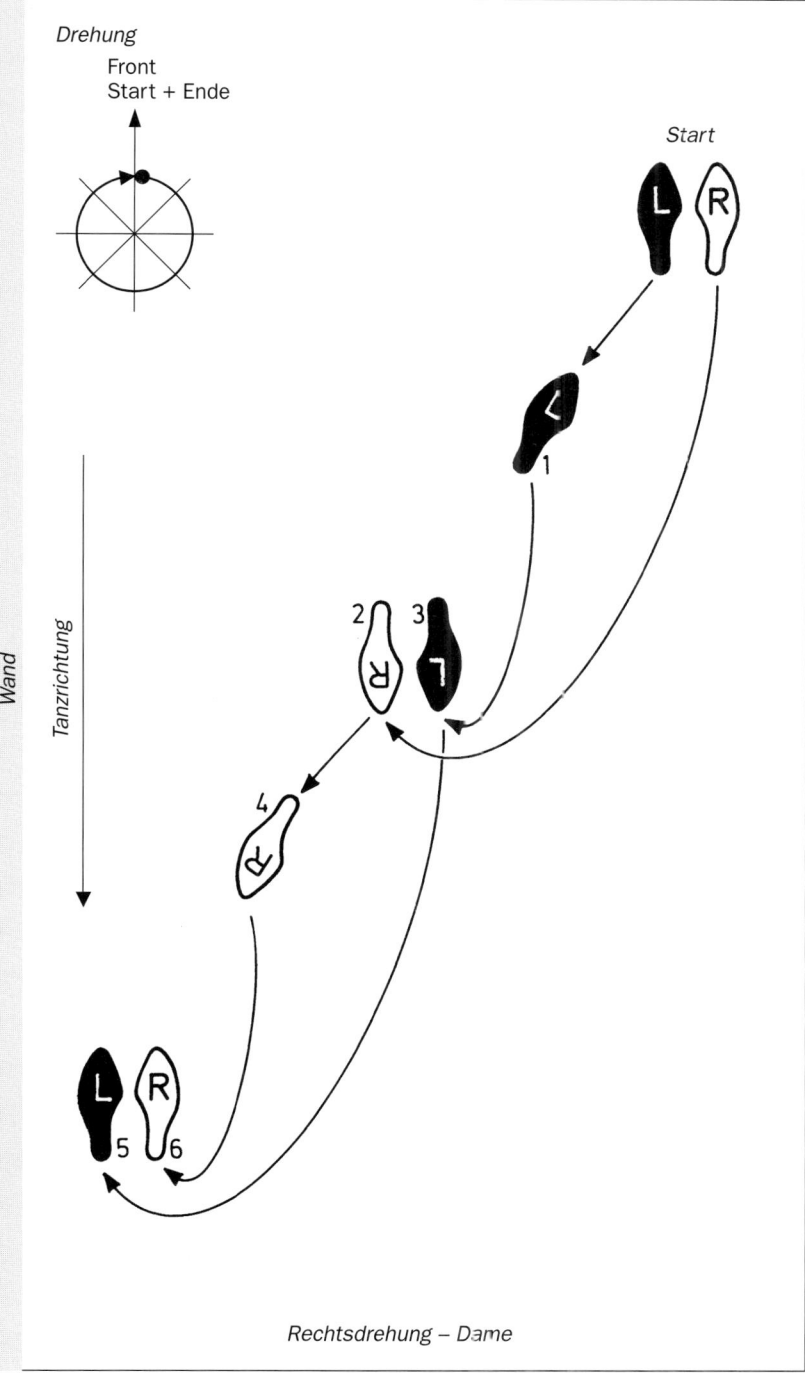

Drehung
Front
Start + Ende

Start

Wand

Tanzrichtung

Rechtsdrehung – Dame

Langsamer Walzer – Rechtsdrehung:
Bei der Rechtsdrehung werden die Vorwärtsschritte (Herr Schritt eins, Dame Schritt
vier) gut zwischen den Füßen des Partners plaziert

Langsamer Walzer – Linksdrehung:
Genau wie bei der Rechtsdrehung dreht sich das Paar auch bei der Linksdrehung mit
drei Schritten um jeweils 180°

Die Rechtsdrehung klappt schon bald wie von selbst, doch die Linksdrehung verlangt etwas mehr Übung. Bleiben Sie trotzdem dran, es lohnt sich. Mit zunehmender Routine macht's auch linksherum Spaß. Wichtig ist, daß der Herr gut führt und die Dame widerstandslos folgt.

Langsamer Walzer

Startposition: Front in Tanzrichtung
Drehung: 360° nach links
Schlußposition: Front in Tanzrichtung

Linksdrehung – Herr

1. Schritt:	linker Fuß schräg vorwärts	Front schräg zur Mitte
2. Schritt:	rechter Fuß seitwärts, stark nach links drehen	Rücken in Tanzrichtung
3. Schritt:	linker Fuß schließt neben rechtem Fuß halbe Linksdrehung (180°) beenden	Rücken in Tanzrichtung
4. Schritt:	rechter Fuß schräg rückwärts	Rücken schräg zur Mitte
5. Schritt:	linker Fuß seitwärts, stark nach links drehen	Front in Tanzrichtung
6. Schritt:	rechter Fuß schließt neben linkem Fuß halbe Linksdrehung (180°) beenden	Front in Tanzrichtung

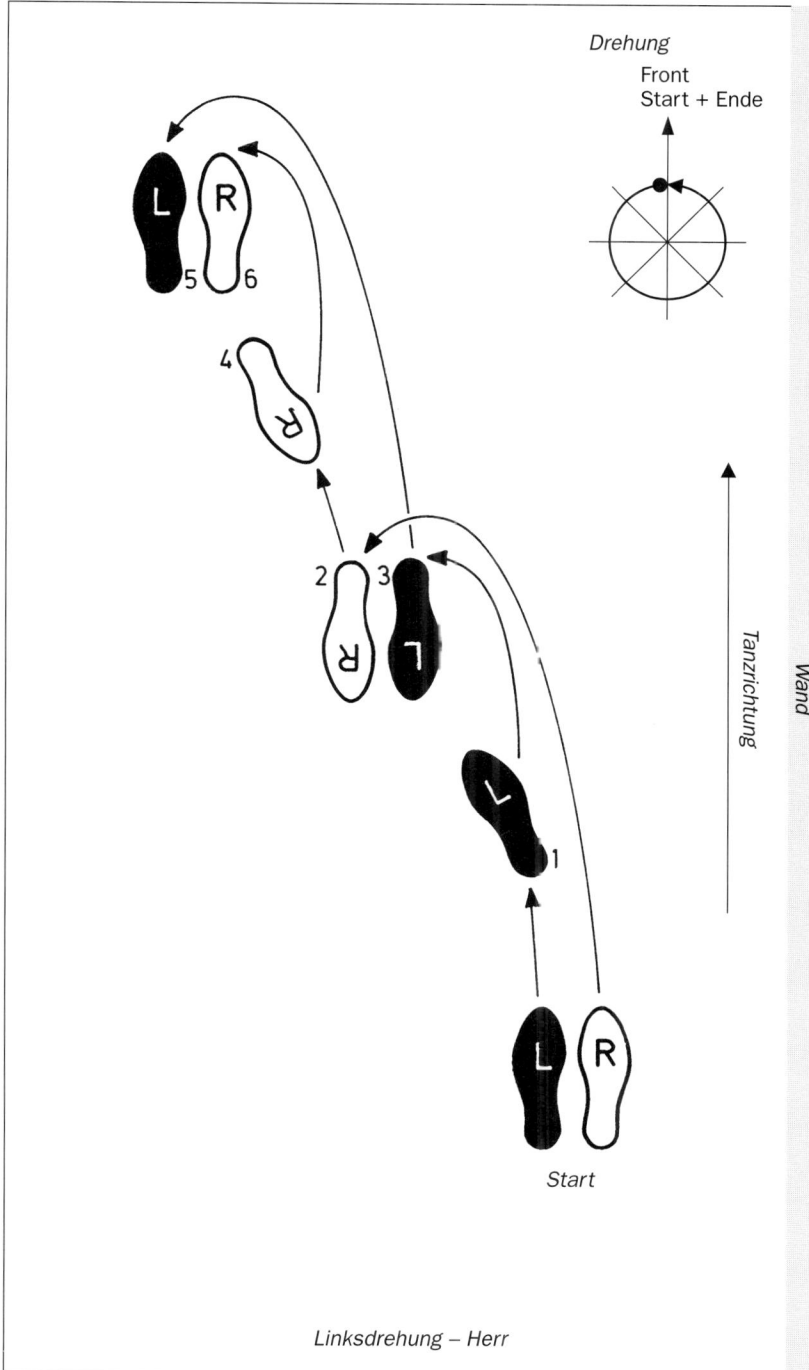

Drehung
Front
Start + Ende

Tanzrichtung

Wand

Start

Linksdrehung – Herr

Langsamer Walzer

Startposition: Rücken in Tanzrichtung
Drehung: 360° nach links
Schlußposition: Rücken in Tanzrichtung

Linksdrehung – Dame

1. Schritt:	rechter Fuß schräg rückwärts	Rücken schräg zur Mitte
2. Schritt:	linker Fuß seitwärts, stark nach links drehen	Front in Tanzrichtung
3. Schritt:	rechter Fuß schließt neben linkem Fuß halbe Linksdrehung (180°) beenden	Front in Tanzrichtung
4. Schritt:	linker Fuß schräg vorwärts	Front schräg zur Mitte
5. Schritt:	rechter Fuß seitwärts, stark nach links drehen	Rücken in Tanzrichtung
6. Schritt:	linker Fuß schließt neben rechtem Fuß halbe Linksdrehung (180°) beenden	Rücken in Tanzrichtung

Wer den Langsamen Walzer beherrscht, läßt sich von der Musik mitreißen und schließt am liebsten eine Drehung der anderen an. Doch Vorsicht, man wird leicht schwindelig und verliert völlig die Orientierung im Raum. Besser ist es, sich etwa an folgendes Schema zu halten:
Sie tanzen zuerst den Grundschritt und holen sich dabei ein Gefühl für die Musik. Dann geht's in die Rechtsdrehung. Der schließen Sie die Schritte eins bis drei des Grundschritts an und wagen sich dann sofort in die Linksdrehung. Ihr folgen die Schritte vier bis sechs des Grundschritts, worauf wieder die Rechtsdrehung beginnt usw.

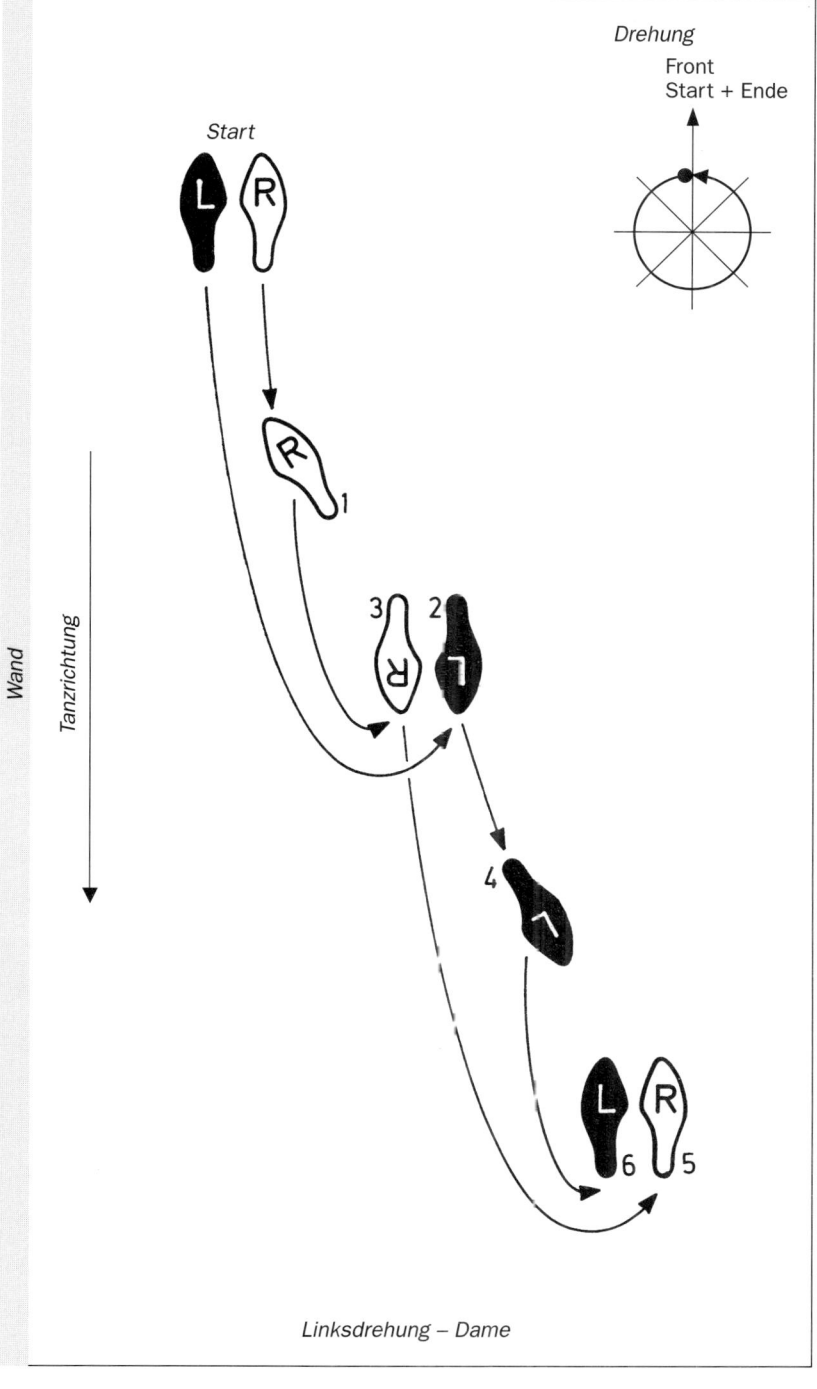

Drehung
Front
Start + Ende

Start

Wand

Tanzrichtung

Linksdrehung – Dame

Herzen im Dreivierteltakt: Wiener Walzer

Der älteste aller Standardtänze ist so jung wie eh und je. Irgendwann im 12. Jahrhundert kam dieser Paartanz unter dem Namen »Hoppaldei« in Mode. Er mauserte sich etwa 400 Jahre später zum »Ländler«. Aus ihm wiederum entwickelte sich der »Langaus«, der Ende des 18. Jahrhunderts die Wiener ins Tanzfieber versetzte. Sie nannten den Tanz erstmals »Walzer«, und damit war der Wiener Walzer geboren. Auch wenn er zeitweise als unmoralisch galt, er eroberte allerorten die Herzen im Dreivierteltakt.

Heute sollte man den Wiener Walzer ganz einfach können oder doch zumindest leidlich beherrschen. Er wird von sämtlichen Altersklassen und zu allen Gelegenheiten getanzt. Der »Brautwalzer« ist ebenso ein fester Begriff wie der »Mitternachtswalzer« ins neue Jahr. Und wo immer eine Kapelle die schon etwas müden Tänzer wieder in Stimmung bringen will, wird ein Wiener Walzer gespielt. Wohl dem, der mithalten kann.

Walzerklänge stehen im *Dreivierteltakt* (60 Takte pro Minute). Auf jeden Takt erfolgt ein Schritt, alle Schritte haben den gleichen Rhythmus. Zählen Sie mit: eins – zwei – drei – eins – zwei – drei usw. Von der Schrittfolge her gleicht die Rechtsdrehung exakt der des Langsamen Walzers, doch beim Wiener Walzer dreht man doppelt so schnell.

Der Herr steht zu Beginn «Front in Tanzrichtung». Mit sechs Schritten vollzieht das Paar eine volle Drehung um 360° und steht dann wieder in der Ausgangsposition.

Wiener Walzer

Startposition: Front in Tanzrichtung
Drehung: 360° nach rechts
Schlußposition: Front in Tanzrichtung

Rechtsdrehung – Herr

1. Schritt:	rechter Fuß schräg vorwärts, nach rechts drehen	Front schräg zur Wand
2. Schritt:	linker Fuß seitwärts, nach rechts drehen	Rücken in Tanz-richtung
3. Schritt:	rechter Fuß schließt neben linkem Fuß halbe Rechtsdrehung (180°) beenden	Rücken in Tanz-richtung
4. Schritt:	linker Fuß schräg rückwärts, nach rechts drehen	Rücken schräg zur Wand
5. Schritt:	rechter Fuß seitwärts, nach rechts drehen	Front in Tanz-richtung
6. Schritt:	linker Fuß schließt neben rechtem Fuß halbe Rechtsdrehung (180°) beenden	Front in Tanz-richtung

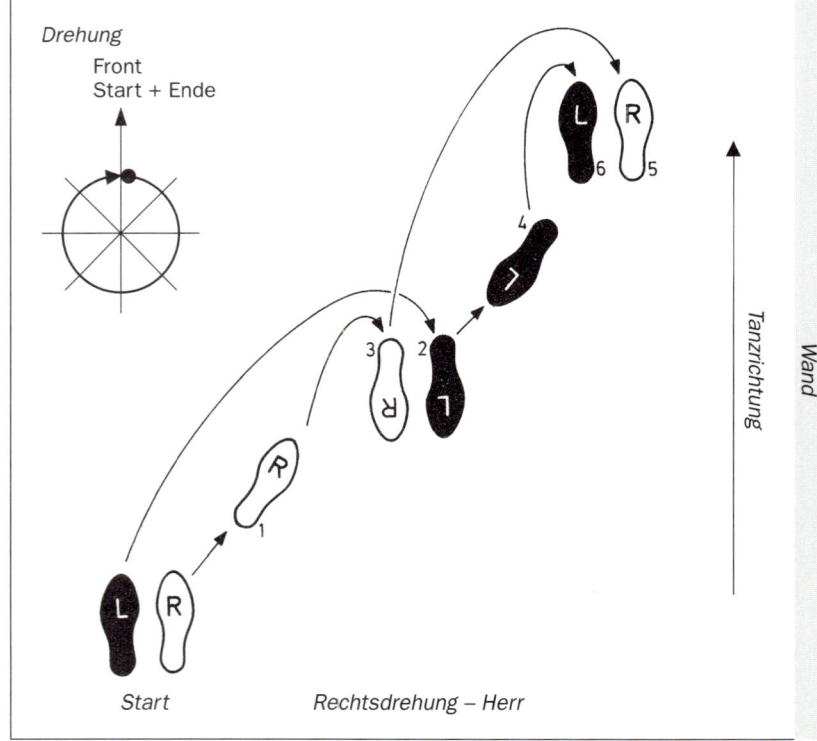

Drehung
Front
Start + Ende

Tanzrichtung

Wand

Start   Rechtsdrehung – Herr

Wiener Walzer – Rechtsdrehung:
Mit dem zweiten Schritt (Herr links, Dame rechts seitwärts) hat sich das Paar bereits um 180° gedreht

Wiener Walzer – Rechtsdrehung:
Die zweite Hälfte der Rechtsdrehung (weitere 180°) wird mit Schritt fünf (Herr
rechts, Dame links seitwärts) abgeschlossen

Wiener Walzer

Startposition: Rücken in Tanzrichtung
Drehung: 360° nach rechts
Schlußposition: Rücken in Tanzrichtung

Rechtsdrehung – Dame

1. Schritt:	linker Fuß schräg rückwärts, nach rechts drehen	Rücken schräg zur Wand
2. Schritt:	rechter Fuß seitwärts, nach rechts drehen	Front in Tanz- richtung
3. Schritt:	linker Fuß schließt neben rechtem Fuß halbe Rechtsdrehung (180°) beenden	Front in Tanz- richtung
4. Schritt:	rechter Fuß schräg vorwärts, nach rechts drehen	Front schräg zur Wand
5. Schritt:	linker Fuß seitwärts, nach rechts drehen	Rücken in Tanz- richtung
6. Schritt:	rechter Fuß schließt neben linkem Fuß halbe Rechtsdrehung (180°) beenden	Rücken in Tanz- richtung

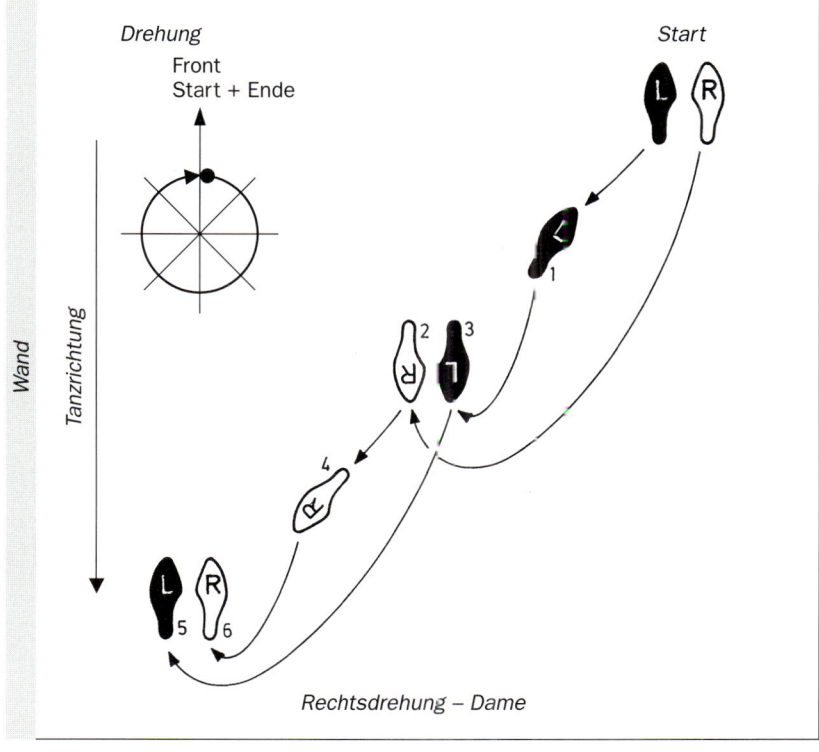

Rechtsdrehung – Dame

Wenn Sie über genügend Kondition verfügen, und es der Platz erlaubt, dürfen Sie eine Rechtsdrehung an die andere hängen. Bevor sich der ganze Saal dreht und Sie das Gleichgewicht verlieren, sollten Sie jedoch einen kurzen Zwischenstop zum Luftholen einlegen. Machen Sie sechs ruhige Pendelschritte, dann können Sie wieder »Karussell fahren«.

Wiener Walzer

Startposition: Front in Tanzrichtung
Schlußposition: Front in Tanzrichtung

Pendelschritt – Herr

1. Schritt:	rechter Fuß seitwärts	Front in Tanz-richtung
2. Schritt:	linker Fuß beginnt neben den rechten Fuß zu pendeln	Front in Tanz-richtung
3. Schritt:	linker Fuß pendelt voll zum rechten Fuß linken Fuß nicht belasten	Front in Tanz-richtung
4. Schritt:	linker Fuß seitwärts	Front in Tanz-richtung
5. Schritt:	rechter Fuß beginnt neben den linken Fuß zu pendeln	Front in Tanz-richtung
6. Schritt:	rechter Fuß pendelt voll zum linken Fuß rechten Fuß nicht belasten	Front in Tanz-richtung

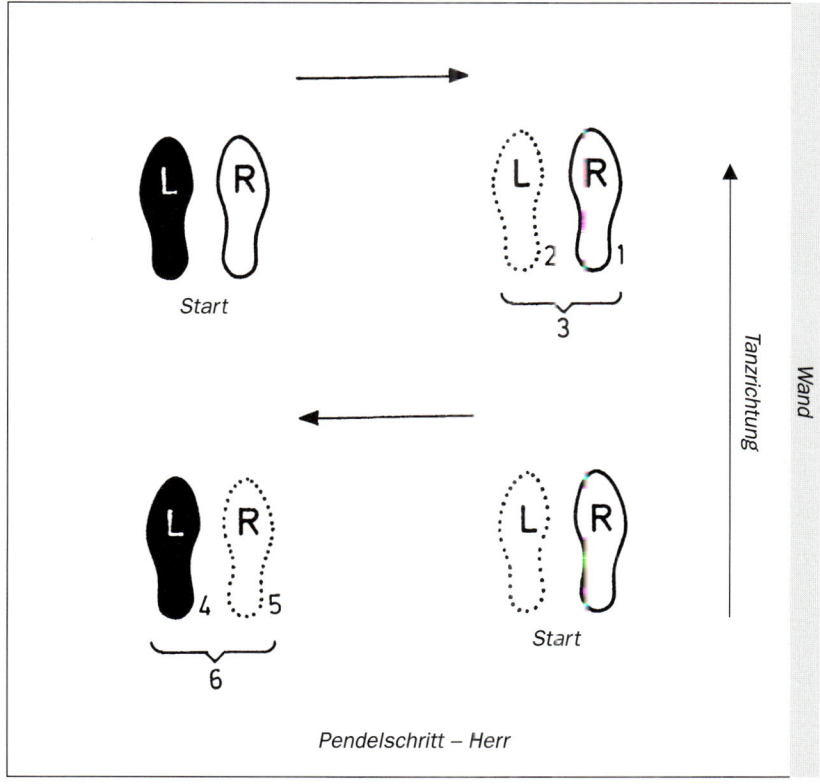

Pendelschritt – Herr

Wiener Walzer – Pendelschritt:
Beim Pendelschritt pendelt einmal der rechte . . .

Wiener Walzer – Pendelschritt:
... und einmal der linke Fuß heran

Wiener Walzer

Startposition: Rücken in Tanzrichtung
Schlußposition: Rücken in Tanzrichtung

Pendelschritt – Dame

1. Schritt:	linker Fuß seitwärts	Rücken in Tanzrichtung
2. Schritt:	rechter Fuß beginnt neben den linken Fuß zu pendeln	Rücken in Tanzrichtung
3. Schritt:	rechter Fuß pendelt voll zum linken Fuß rechten Fuß nicht belasten	Rücken in Tanzrichtung
4. Schritt:	rechter Fuß seitwärts	Rücken in Tanzrichtung
5. Schritt:	linker Fuß beginnt neben den rechter Fuß zu pendeln	Rücken in Tanzrichtung
6. Schritt:	linker Fuß pendelt voll zum rechten Fuß linken Fuß nicht belasten	Rücken in Tanzrichtung

Mit dem Pendelschritt verbinden Sie auch die Rechts- mit der Linksdrehung. Das heißt, Sie tanzen nach der Rechtsdrehung den Pendelschritt eins bis drei und beginnen dann die Linksdrehung. Anschließend bilden die Pendelschritte vier bis sechs den Übergang zur nächsten Rechtsdrehung.
Es erfordert schon einigen tänzerischen Ehrgeiz, die Linksdrehung zu erlernen. Rechts herum ist's nun mal bequemer, doch wer auch die Gegenrichtung schafft, gewinnt das doppelte Tanzvergnügen. Die Schrittfolge der Linksdrehung unterscheidet sich von der des Langsamen Walzers lediglich durch eine Kleinigkeit: Beim dritten Schritt kreuzt der Herr, beim sechsten Schritt die Dame den linken vor dem rechten Fuß.

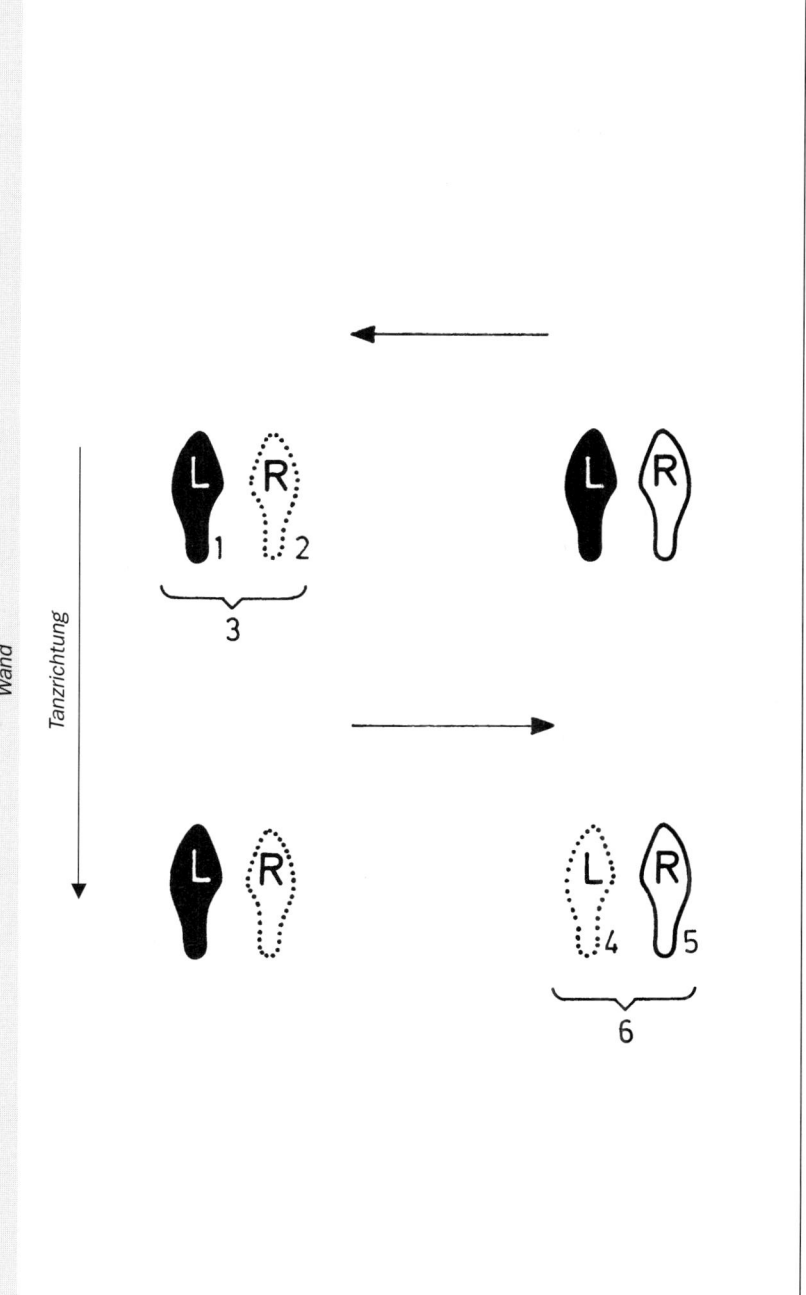

Pendelschritt – Dame

Wiener Walzer

Startposition: Front in Tanzrichtung
Drehung: 360° nach links
Schlußposition: Front in Tanzrichtung

Linksdrehung – Herr

1. Schritt:	linker Fuß schräg vorwärts, nach links drehen	Front schräg zur Mitte
2. Schritt:	rechter Fuß seitwärts, nach links drehen	Rücken in Tanzrichtung
3. Schritt:	linker Fuß kreuzt vor rechtem Fuß halbe Linksdrehung (180°) beenden	Rücken in Tanzrichtung
4. Schritt:	rechter Fuß schräg rückwärts, nach links drehen	Rücken schräg zur Mitte
5. Schritt:	linker Fuß seitwärts, nach links drehen	Front in Tanzrichtung
6. Schritt:	rechter Fuß schließt neben linkem Fuß halbe Linksdrehung (180°) beenden	Front in Tanzrichtung

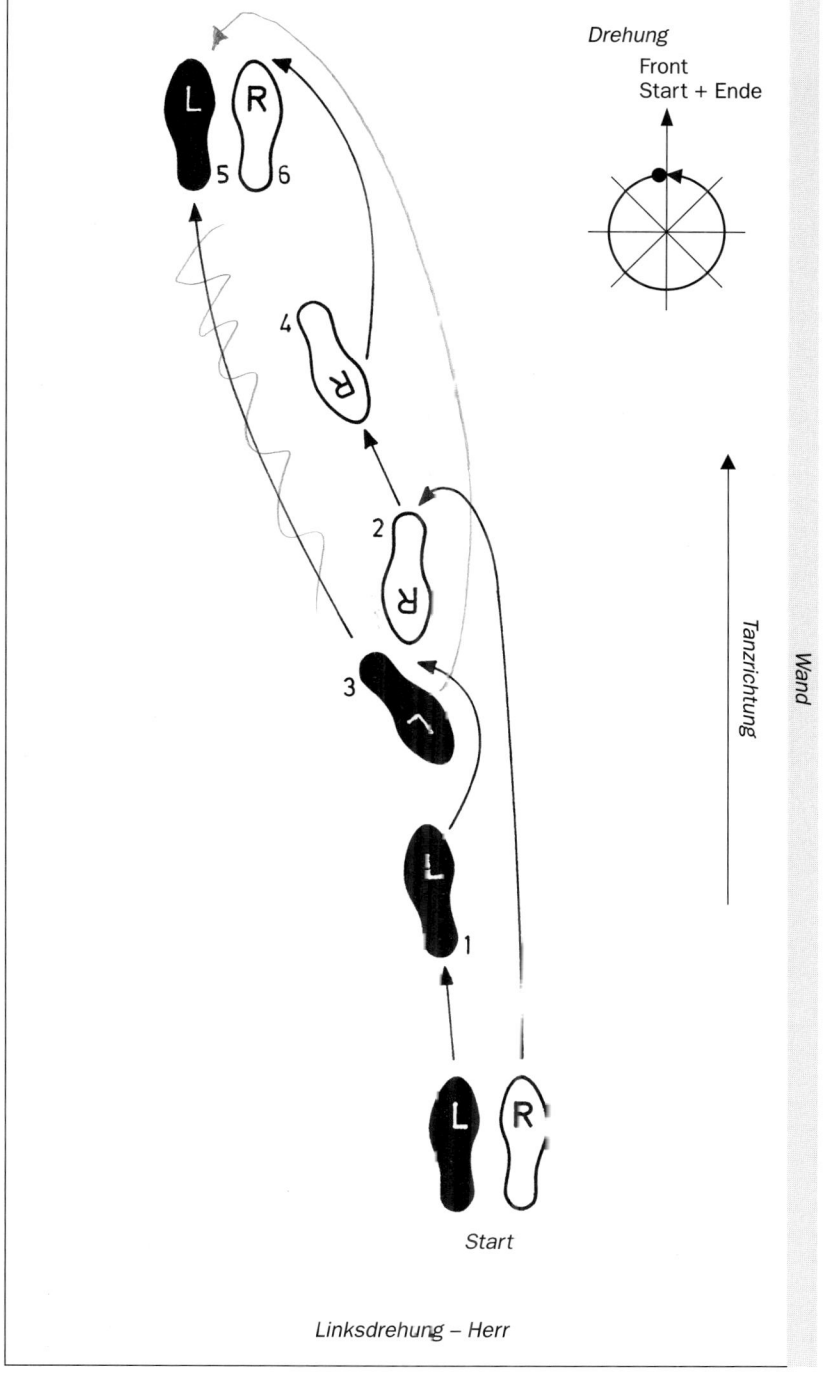

Drehung
Front
Start + Ende

Tanzrichtung

Wand

Start

Linksdrehung – Herr

Wiener Walzer – Linksdrehung:
Beim dritten Schritt kreuzt der Herr den linken vor dem rechten Fuß

Wiener Walzer – Linksdrehung:
Die Dame beendet die Linksdrehung, indem sie beim sechsten Schritt den linken
vor dem rechten Fuß kreuzt

Wiener Walzer

Startposition: Rücken in Tanzrichtung
Drehung: 360° nach links
Schlußposition: Rücken in Tanzrichtung

Linksdrehung – Dame

1. Schritt:	rechter Fuß schräg rückwärts, nach links drehen	Rücken schräg zur Mitte
2. Schritt:	linker Fuß seitwärts, nach links drehen	Front in Tanzrichtung
3. Schritt:	rechter Fuß schließt neben linkem Fuß halbe Linksdrehung (180°) beenden	Front in Tanzrichtung
4. Schritt:	linker Fuß schräg vorwärts, nach links drehen	Front schräg zur Mitte
5. Schritt:	rechter Fuß seitwärts, nach links drehen	Rücken in Tanzrichtung
6. Schritt:	linker Fuß kreuzt vor rechtem Fuß halbe Linksdrehung (180°) beenden	Rücken in Tanzrichtung

Der Wiener Walzer ist ein raumgreifender Tanz, doch leider steht meist nur wenig Platz zur Verfügung. Könner nutzen jede Lücke und versuchen, die Tanzfläche so weit wie möglich auszutanzen. Erfahrungsgemäß wird nämlich der »Knäuel« immer dichter, je weiter es zur Mitte geht.

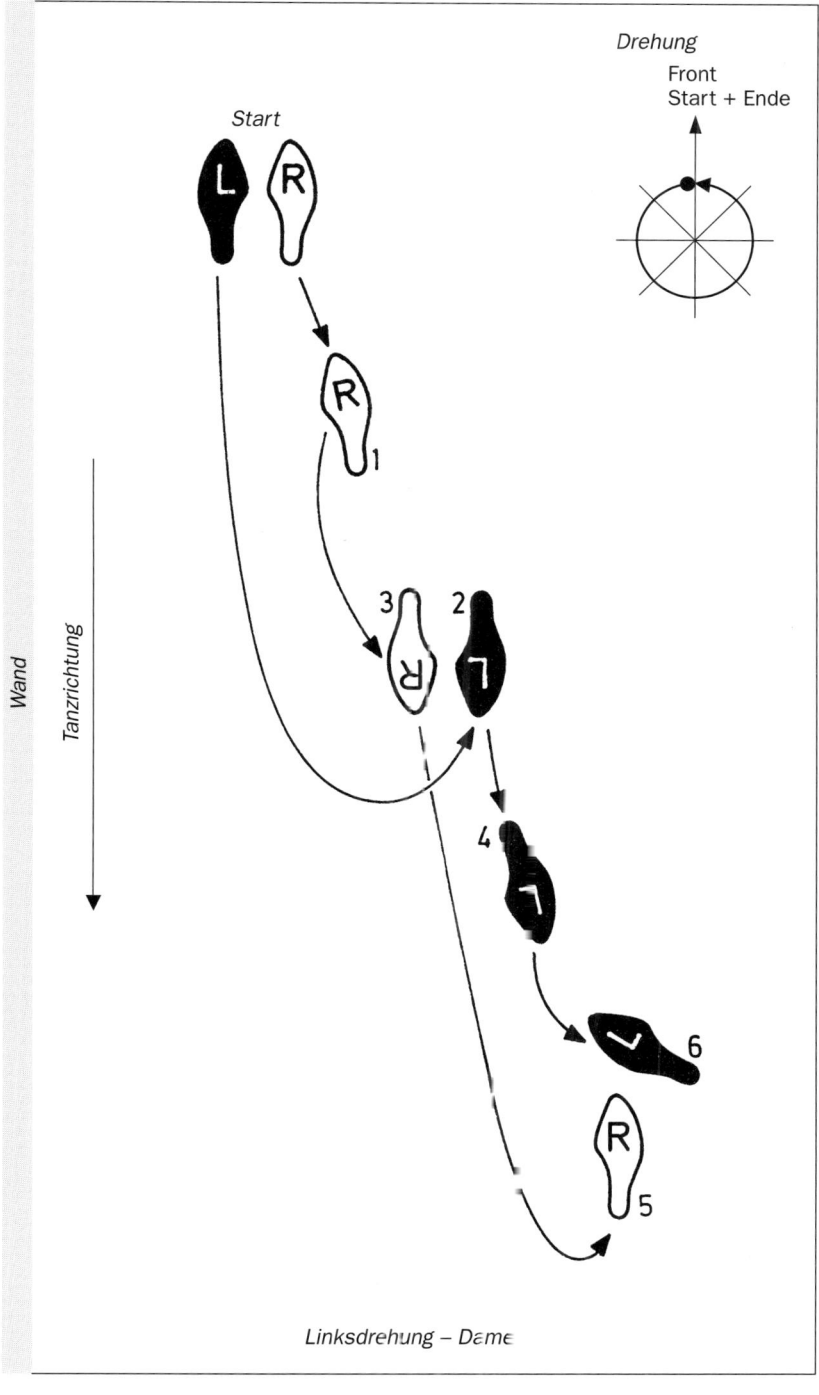

Drehung
Front
Start + Ende

Start

Wand

Tanzrichtung

Linksdrehung – Dame

Hauch von Erotik: Tango

Eine heiße Nacht, schummeriges Licht im Saal, ein mitreißender Rhythmus voll Sehnsucht und Leidenschaft: Tango. Natürlich läßt er sich genauso im Wohnzimmer tanzen, doch selbst in dieser nüchternen Atmosphäre nimmt die Musik das Paar auf einmalige Weise gefangen. Der Tango ist, mit Hingabe getanzt, wahrlich ein prickelndes Erlebnis.

Lateinamerika ist die Heimat des Tango, und deshalb gehört er genaugenommen in die Reihe der lateinamerikanischen Tänze. Doch die Grundfiguren wurden inzwischen so standardisiert, daß man den Tango laut Welttanzprogramm zu den Standardtänzen zählt.

Der typische Tango-Rhythmus drückt sich stark in den Bewegungen der Tänzer aus. Ruhige, spannungsvolle Phasen wechseln mit temperamentvollen Schrittfolgen. Das Stakkato der Musik wird u. a. dadurch ausgedrückt, daß die Füße nicht über den Boden gleiten, sondern jeweils betont gesetzt werden. Trotzdem wirkt der Tango bei Könnern niemals eckig. Die Bewegungen sind vielmehr geschmeidig und von vollendeter Eleganz.

Nichts spricht dagegen, den Tango in der normalen Standard-Haltung zu tanzen. Andererseits: Die korrekte Tango-Haltung sieht einfach besser aus, denn sie paßt zum Charakter des Tanzes. Entsprechend hauteng geht es beim Tango zu. Der Herr umfaßt die Dame etwas weiter als sonst, sie plaziert ihre linke Hand hinter seinem rechten Oberarm etwas unterhalb des Schulterblatts. Die gefaßten Hände werden bei angewinkelten Ellbogen etwa in Kinnhöhe des kleineren Partners gehalten. Die Knie der Tänzer sind niemals durchgedrückt, sondern immer leicht gebeugt. Der Herr führt die Dame deutlich mit der rechten Hüftseite.

Der Tango steht im *Zweivierteltakt* (33 bis 35 Takte pro Minute). Auf jeweils zwei Taktteile kommt ein langsamer Schritt, auf einen Taktteil ein schneller Schritt. Man tanzt 1 langsam – 2 langsam – 3 schnell – 4 schnell – 5 langsam – 6 schnell – 7 schnell – 8 langsam.

Der Herr beginnt »Front zur Wand«. Die Gehschritte führen zur Wand bzw. rückwärts zur Mitte, die Promenaden verlaufen entlang der Tanzrichtung oder schräg zur Mitte. Sprechen Sie beim Grundschritt mit:
vor – vor – Wie – ge – schritt – 'rück – Seit' – Schluß.

Tango:
In der typischen Tango-Haltung umfaßt der Herr die Dame etwas weiter als sonst

Tango:
Die Dame plaziert in der Grundstellung ihre linke Hand hinter dem Oberarm des
Herrn, etwas unterhalb des Schulterblatts

Tango

Startposition: Front zur Wand
Schlußposition: Front zur Wand

Grundschritt (Wiegeschritt-Drehung) – Herr

1. Schritt: linker Fuß vorwärts (langsam)	Front zur Wand
2. Schritt: rechter Fuß vorwärts (langsam)	Front zur Wand
3. Schritt: linker Fuß seitwärts (schnell)	Front schräg zur Wand gegen Tanzrichtung
4. Schritt: rechter Fuß setzt etwas nach links, belasten (schnell)	Front schräg zur Wand gegen Tanzrichtung
5. Schritt: linker Fuß etwas rückwärts (langsam)	Rücken schräg zur Mitte
6. Schritt: rechter Fuß rückwärts (schnell)	Rücken zur Mitte
7. Schritt: linker Fuß seitwärts (schnell)	Front zur Wand
8. Schritt: rechter Fuß schließt neben linkem Fuß (langsam)	Front zur Wand

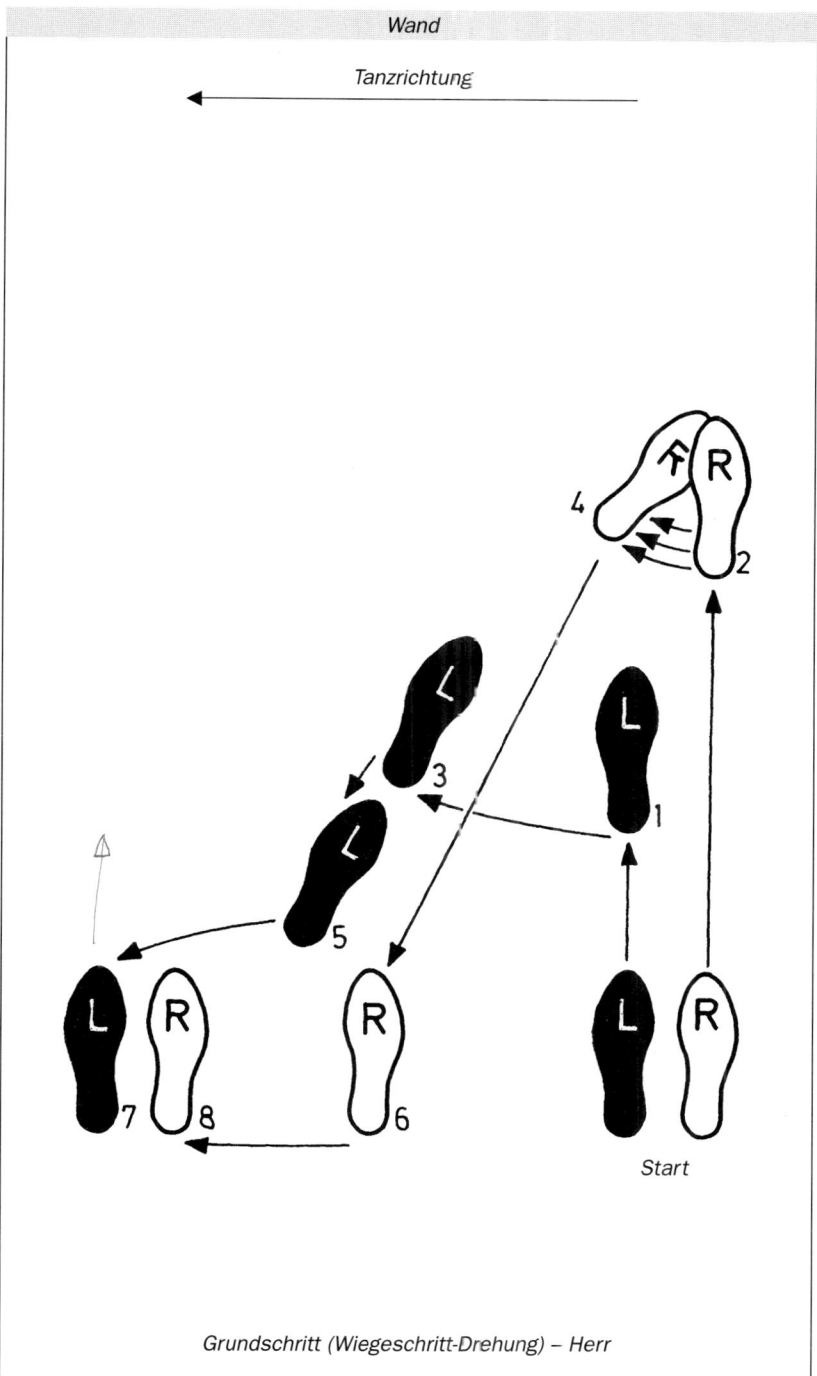

Wand

Tanzrichtung

Grundschritt (Wiegeschritt-Drehung) – Herr

Tango – Grundschritt:
Schritt vier führt in den Wiegeschritt

Tango – Grundschritt:
Bei Schritt fünf verlagert der Herr das Gewicht auf den linken, die Dame auf den
rechten Fuß

Tango

Startposition: Rücken zur Wand
Schlußposition: Rücken zur Wand

Grundschritt (Wiegeschritt-Drehung) – Dame

1. Schritt:	rechter Fuß rückwärts (langsam)	Rücken zur Wand
2. Schritt:	linker Fuß rückwärts (langsam)	Rücken zur Wand
3. Schritt:	rechter Fuß seitwärts (schnell)	Rücken schräg zur Wand gegen Tanzrichtung
4. Schritt:	linker Fuß setzt etwas nach links, belasten (schnell)	Rücken schräg zur Wand gegen Tanzrichtung
5. Schritt:	rechter Fuß etwas vorwärts (langsam)	Front schräg zur Mitte
6. Schritt:	linker Fuß vorwärts (schnell)	Front zur Mitte
7. Schritt:	rechter Fuß seitwärts (schnell)	Rücken zur Wand
8. Schritt:	linker Fuß schließt neben rechtem Fuß (langsam)	Rücken zur Wand

»Typisch Tango« sind die Gehschritte zur Promenade (Tango Link). In der Promenadenstellung öffnet sich das Paar im Winkel von etwa 45°, bleibt jedoch dabei in Körperkontakt (Herr rechte, Dame linke Seite).

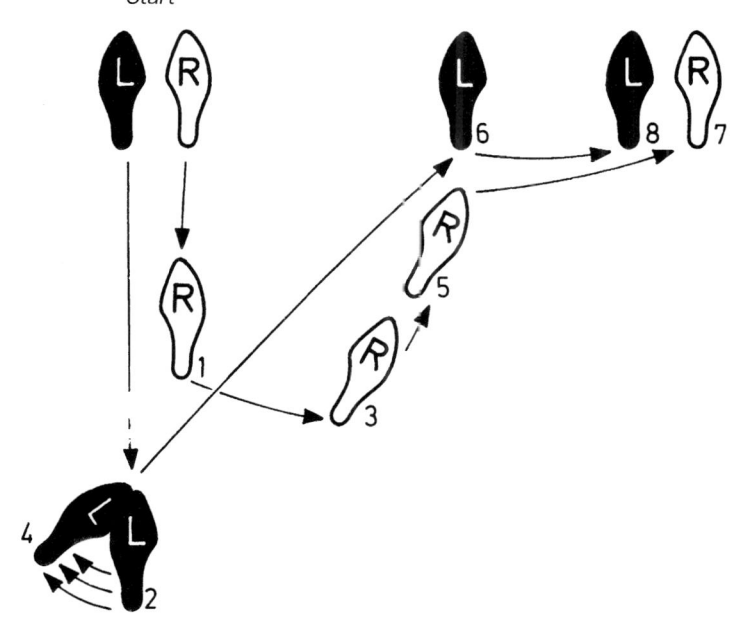

Grundschritt (Wiegeschritt-Drehung) – Dame

Start

Tanzrichtung

Wand

Tango

Startposition: Front zur Wand
Schlußposition: Front zur Wand

Gehschritte zur Promenade (Tango Link) – Herr

1. Schritt:	linker Fuß vorwärts (langsam)	Front zur Wand
2. Schritt:	rechter Fuß vorwärts (langsam)	Front zur Wand
3. Schritt:	linker Fuß vorwärts (schnell)	Front zur Wand
4. Schritt:	rechter Fuß schließt neben linkem Fuß (schnell)	Front zur Wand
5. Schritt:	linker Fuß seitwärts (langsam), Promenaden-stellung	Front schräg zur Wand
6. Schritt:	rechter Fuß vorwärts, über den linker Fuß kreuzen (schnell)	Front schräg zur Wand
7. Schritt:	linker Fuß seitwärts (schnell)	Front zur Wand
8. Schritt:	rechter Fuß schließt neben linkem Fuß (langsam)	Front zur Wand

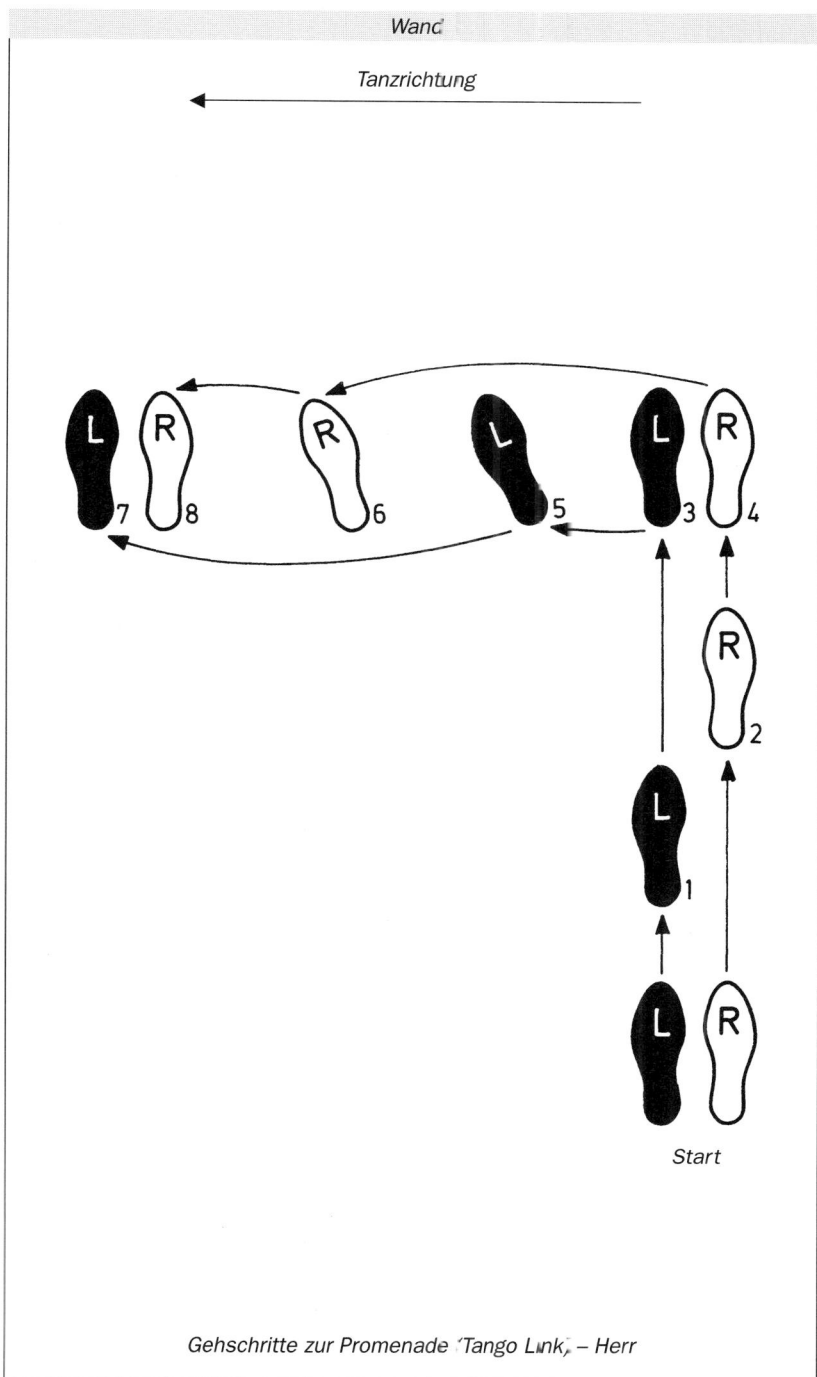

Wand

Tanzrichtung

Gehschritte zur Promenade (Tango Link) – Herr

Tango – Gehschritte zur Promenade:
In der Promenadenposition öffnet sich das Tango-Paar nach vorn im Winkel von etwa 45°

Tango – Gehschritte zur Promenade:
Bei den Schritten fünf und sechs befindet sich das Paar in Promenadenposition

Tango

Startposition: Rücken zur Wand
Schlußposition: Rücken zur Wand

Gehschritte zur Promenade (Tango Link) – Dame

1. Schritt:	rechter Fuß rückwärts (langsam)	Rücken zur Wand
2. Schritt:	linker Fuß rückwärts (langsam)	Rücken zur Wand
3. Schritt:	rechter Fuß rückwärts (schnell)	Rücken zur Wand
4. Schritt:	linker Fuß schließt neben rechtem Fuß (schnell)	Rücken zur Wand
5. Schritt:	rechter Fuß seitwärts (langsam), Promenaden-stellung	Rücken schräg zur Wand
6. Schritt:	linker Fuß vorwärts, über den rechten Fuß kreuzen (schnell)	Rücken schräg zur Wand
7. Schritt:	rechter Fuß seitwärts (schnell)	Rücken zur Wand
8. Schritt:	linker Fuß schließt neben rechtem Fuß (langsam)	Rücken zur Wand

Tanzen Sie zunächst den Grundschritt mehrmals hintereinander, bis Sie den Rhythmus der Musik richtig im Gefühl haben. Dann schließen Sie die Gehschritte zur Promenade an, wobei Sie die Schritte fünf bis acht der Promenade nach jedem Schließen der Füße beliebig oft wiederholen können.

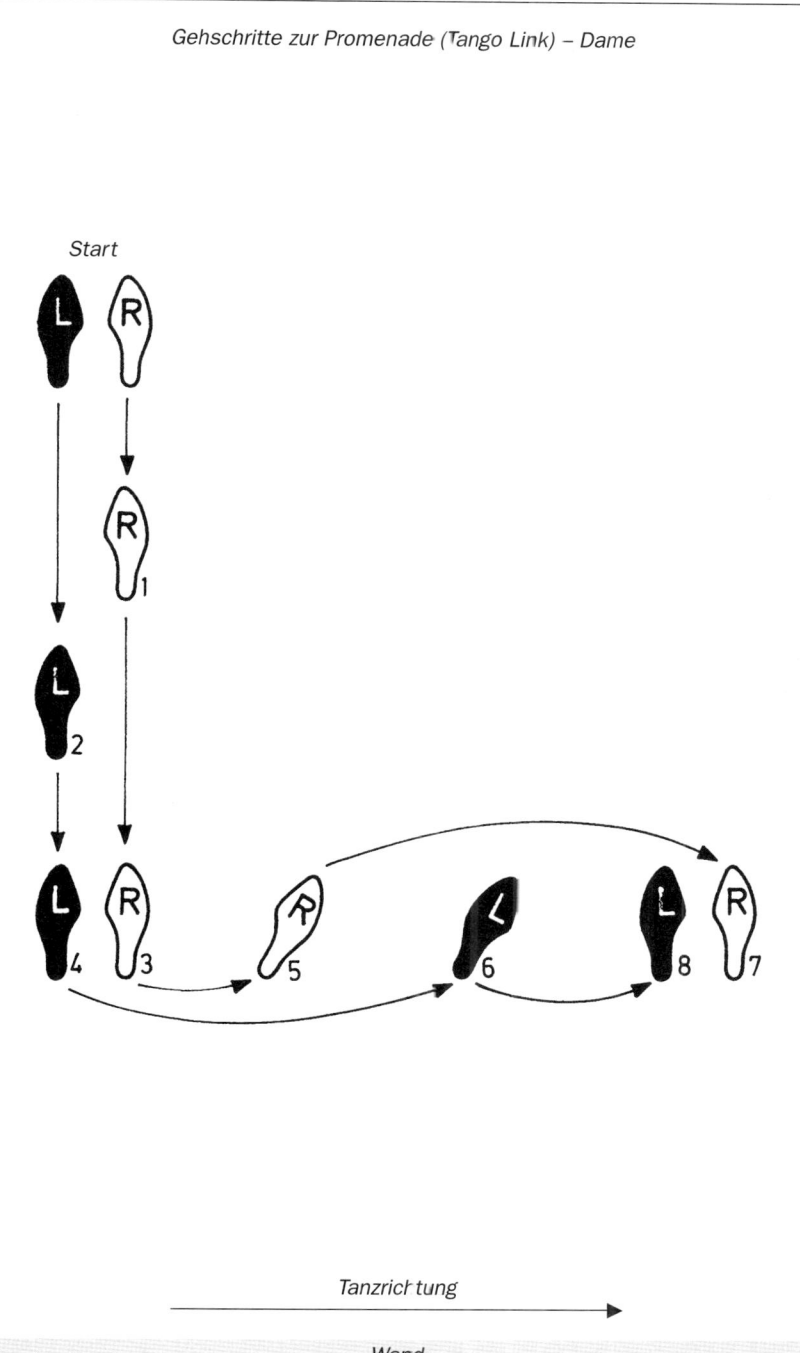

Gehschritte zur Promenade (Tango Link) – Dame

Herzlich willkommen . . .

. . . im weltweit aktiven »Club« der Tanzbegeisterten. Sie haben durchgehalten und eine Menge gelernt. Dafür können Sie sich jetzt auf jeder Tanzfläche sehen lassen – und je öfter Sie das Tanzbein schwingen, desto besser. Mit dem Tanzen ist es nämlich genauso wie mit dem Autofahren: Wer den Führerschein gerade bestanden hat, ist noch lange kein Fahrkünstler. Und wer die Grundlagen des Tanzens beherrscht, entwickelt sich erst durch viel Übung zum Meister oder zur Meisterin. Mit zunehmender Routine wird Tanzen immer mehr zum Vergnügen. Irgendwann in naher Zukunft müssen Sie nicht mehr jeden Schritt vorausdenken, weil Ihre Beine scheinbar völlig von selbst das Richtige tun. Sie lassen sich tragen von der Musik und erkennen, wie herrlich entspannend Tanzen sein kann.

Sicher haben Sie Lust, Ihr Repertoire zu erweitern. Also wagen Sie sich heran ans »Große Buch der lateinamerikanischen Tänze« (Humboldt-Paperback 966) – sofern Sie diese nicht schon vor den Standardtänzen einstudiert haben. Wer sich schließlich in beiden Kategorien topfit fühlt, ist reif für die »hohe Schule« des Tanzens. Das Buch »So macht Tanzen noch mehr Spaß!« (humboldt-Taschenbuch 685) vermittelt eine repräsentative Auswahl der schönsten Figuren, mit denen Tanzen für bereits versierte Tanzpaare zum faszinierenden Hobby wird.

Register

über 120 Jahre
über 120 Jahre
über 120 Jahre
über 120 Jahre
120 Jahre

über 120 Jahre
über 120 Jahre
über 120 Jahre
über 120 Jahre
über 120 Jahre
über 120 Jahre

tanz Schule
Rudolf richter

seit 1873

ADTV

Sonnenstr. 3, am Stachus,
gegenüber Kaufhof, direkt an
den Haltestellen
80331 München

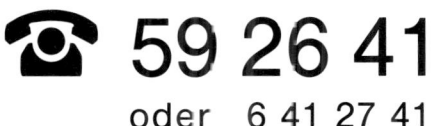 **59 26 41**

oder 6 41 27 41

Weitere Titel aus dem humboldt-Programm zum Thema Freizeit & Hobby